SONS

DE

F. DAUPHIN.

TOME SECOND.

PARIS,

CHEZ LEJAY, LIBRAIRE,

BOULEVARD DU TEMPLE, Nº 33.

1827.

IMPRIMERIE DE C. FARCY,
rue de la Tabletterie, nº 9.

IMPRIMERIE ET FONDERIE DE J. PIN
RUE D'ANJOU-DAUPHINE, N° 8.

CHANSONS

DE

F. DAUPHIN.

A LA LIBRAIRIE ANCIENNE ET MODERNE,

PALAIS-ROYAL, GALERIE DE BOIS, N°S 263-264.

IMPRIMERIE DE C. FARCY,

RUE DE LA TABLETTERIE, N° 9.

CHANSONS

DE

F. DAUPHIN.

TOME SECOND.

PARIS,

CHEZ DELAJAY, LIBRAIRE,

BOULEVARD DU TEMPLE, N° 33.

1827.

CHANSONS

DE DAUPHIN.

⋘⋙⋘⋙⋘⋙⋘⋙⋘⋙⋘⋙⋘⋙⋘⋙⋘⋙⋘⋙⋘⋙⋘

MES SOUVENIRS.

Air de Colatti.

LE souvenir de la beauté
Prend sur mon ame un tel empire
Que je trouve la volupté
Dans les lieux où je crois qu'une femme respire.
A l'ombre des arbres épais,
Qu'un souffle d'amour fertilise,
Tu reposas, petite Lise,
Et voilà pourquoi je m'y plais.

Quand Zéphyre porte en nos champs
Les parfums que la rose exhale,

D'une belle dans son printems
Je respire au matin l'haleine virginale.
    Dans un taillis loin des palais,
    Chantes-tu, tendre Philomèle :
    Je crois écouter une belle,
    Et voilà pourquoi je m'y plais.

    Lorsque tes eaux, ruisseau charmant,
    M'inspirent la mélancolie,
    J'aime à parcourir lentement
Tes bords où je crois voir errer femme jolie.
    Dans tes flots je cherche le frais,
    Je ressens une ardeur nouvelle :
    C'est que tu baignes une belle,
    Et voilà pourquoi je m'y plais.

    Si je dis : J'aime au sein d'un bois,
    Aussitôt d'une voix légère
    Écho répond : J'aime et je crois
Entendre au loin la voix de timide bergère :
    Amour me dicte des couplets,
    J'aperçois une tourterelle,
    Je rêve une amante fidèle,
    Et voilà pourquoi je m'y plais.

    J'admire dans l'azur des cieux
    D'une femme l'ame céleste,
    Au bois cachée à tous les yeux.

La violette m'offre u ne beauté modeste.
　　Élevant sa famille en paix ,
　　La fauvette , ô douce chimère !
　　Me rappelle ma tendre mère ,
　　Et voilà pourquoi je m'y plais.

RESTEZ ICI

QUELQUES INSTANS DE PLUS,

Air : A soixante ans l'on ne doit pas remettre.

L'heure est sonnée où le dieu de Cythère
Guide chez vous la nymphe qu'il séduit.
Je vais revoir la couche solitaire,
Seul ornement de mon humble réduit.
Si de chez lui l'Amour plia bagage,
Pour l'oublier, las ! un triste reclus
De l'amitié réclame un nouveau gage ;
Restez ici quelques instans de plus.

Le verre en main, le front taché de lie,
Par des refrains dignes de Béranger.
Sous l'étendard de l'aimable Folie
Chacun de vous est venu se ranger.
Nos vieux guerriers, mutilés par Bellonne,
De vos couplets ne furent point exclus.
Pour leur tresser encore une couronne,
Restez ici quelques instans de plus.

Pour nous , amis , quand le destin funeste
Voila nos yeux du crêpe des douleurs :
Un verre plein fut le prisme céleste
Qui d'un ciel pur refléta les couleurs ,
Pour conjurer les maux de ma patrie ,
Vous avez fait tant de vœux superflus.
Pour consoler votre ame encor flétrie ,
Restez ici quelques instans de plus.

J'ai vu frémir le sol de ma patrie
Sous les coursiers des Russes triomphans ;
Mais désormais cette mère chérie
Sera gardée enfin par ses enfans.
La douce paix ramène l'espérance.
De nos foyers l'étranger est exclus.
Pour boire au jour de notre délivrance ,
Restez ici quelques instans de plus.

Si de nos preux la gloire est balancée
Par des rivaux indignes de leur bras ,
Dans l'avenir, ah ! notre ame élancée
Voit naître encor des lauriers sous leurs pas.
Si l'Océan submerge le rivage ,
L'heure d'après n'a-t-il pas son reflux ?
Pour boire à ceux qui détruiront Carthage ,
Restez ici quelques instans de plus

En s'échappant le Tems poursuit sans cesse
Les Jeux, l'Amour, qu'il chasse devant lui.

Pour vous, des jours de l'aimable jeunesse,
Peut-être, hélas! le dernier jour a lui.
A son essor opposez la barrière
Que Bacchus offre à ses joyeux élus.
Enchaînez-la de pampres et de lierre ;
Restez ici quelques instàns de plus.

PROFITONS DES BEAUX JOURS.

Air nouveau.

Jetons à pleine main
Les jours de la jeunesse.
Pour goûter son ivresse
N'attendons pas demain.
Sur tes lèvres chéries
Je veux prendre un baiser.
Avant de refuser,
Vois ces roses flétries.
Profitons des beaux jours ,
Les beaux jours sont si courts.

Coulant parmi les fleurs
D'un riant paysage ,
Dont les vents et l'orage
Flétriront les couleurs.
Une onde fugitive ,
Voilà notre destin.
Nous passons un matin ,
Puis nous fuyons la rive.
Profitons des beaux jours ,
Les beaux jours sont si courts.

Égayant le hameau
Par leurs chansons légères ,
Quand les jeunes bergères
Vont danser sous l'ormeau.
Ah ! loin d'être plus sage ,
Fuis la triste raison ;
Regarde l'horizon
Se couvrir d'un nuage.
Profitons des beaux jours ,
Les beaux jours sont si courts.

D'un glaive meurtrier
Secondant son audace ,
Qu'un enfant de la Thrace
Ensanglante un laurier.
Dans un champêtre asile ,
Loin du bruit du clairon ,
Les jours d'Anacréon
Valent bien ceux d'Achille.
Profitons des beaux jours ,
Les beaux jours sont si courts.

L'été naît et s'enfuit :
L'automne le remplace ,
Et l'hiver sur leur trace
Accourt et les poursuit.
Plus de fleur printanière :
On pleure son printems.

Hélas! jamais le Tems
Ne regarde en arrière.
Profitons des beaux jours,
Les beaux jours sont si courts.

CROYEZ ÇA, MAIS BUVEZ DU VIN.

Air :

Hélas ! comme on rimait naguère.
Chansonniers, vous ne rimez guère.
Les bons refrains sont à vau-l'eau.
Vous négligez par trop Boileau.
Il dit , pour entrer dans l'arène :
Puisez aux sources d'Hippocrène :
Vous ne rimerez pas en vain.
Croyez ça. mais buvez du vin.

Jadis une sainte fontaine
Guérissait les maux par centaine.
Ce remède était peu coûteux
Pour l'aveugle et pour le goutteux.
Malades , dans la médecine
Cherchez, trouvez une piscine ,
Vous n'y puiserez pas en vain.
Croyez ça , mais buvez du vin.

Vous voudriez , jeunes fillettes ,
Toujours fraîches et gentillettes,
Garder les roses du printems ,

S'il se pouvait , jusqu'à cent ans.
Vers la fontaine de Jouvence
Que chacune de vous s'avance ,
L'on ne s'y lave pas en vain.
Croyez ça , mais buvez du vin.

Riches d'amour et d'espérance ,
Bons jeunes gens, en qui la France,
Fière d'un brillant souvenir,
A confié son avenir.
A vaincre si l'un de vous songe ,
Dans le Styx il faut qu'il se plonge.
L'on ne s'y baigne pas en vain.
Croyez ça , mais buvez du vin.

Bergers , dont l'ingrate maîtresse
Pour un autre Céladon tresse
Un collier de ses blonds cheveux ,
Et dédaigne vos tendres vœux ,
Pour guérir votre cœur malade
Il ne faut qu'un saut de Leucade.
L'on ne s'y jette pas en vain.
Croyez ça , mais buvez du vin.

Peuples grecs, si la tyrannie ,
Malgré la valeur, le génie ,
Aux maux que vous avez soufferts
Veut ajouter de nouveaux fers ,
Pour oublier qu'on vous les rive
Du Léthé parcourez la rive.

Vous n'y toucherez pas en vain.
Croyez ça , mais buvez du vin.

Au sein d'une heureuse inconstance ,
Sur le chemin de l'existence ,
Mortels, qui promenez toujours
Bacchus, les Ris et les Amours,
Tremblez : la divine trompette
D'échos en échos se répète.
Vous vous repentez ; c'est en vain.
Croyez ça , mais buvez du vin.

LE BON VIVANT.

Air du roi d'Yvetot.

Parmi vous il est un luron,
　Toujours dispos, aimable,
Toujours bien gai, bien franc, bien rond,
　Aimant le lit, la table,
Qui, sans envie et sans chagrin,
Boit gaîment un verre de vin
　　Tout plein.
Oh, oh, oh, oh! ah, ah, ah, ah!
Quel est donc ce bon vivant-là,
　　La, la?

Sans posséder un sou content,
　Exempt d'inquiétude,
De vivre joyeux et content
　Il se fait une étude.
Loin de songer au lendemain,
Au plaisir il donne soudain
　　La main.
Oh, oh, oh, oh! ah, ah, ah, ah!
Quel est donc ce bon vivant-là,
　　La, la?

2

Il prend Momus pour échanson,
    Vénus pour souveraine ;
Chaque mois il fait sa chanson
    Et boit à perdre haleine.
Si quelqu'autre en peut faire autant,
Quoique poëte il est pourtant
       Content.
Oh, oh, oh, oh ! ah, ah, ah, ah !
Quel est donc ce bon vivant-là,
      La, la ?

En amour jamais langoureux,
    Loin d'en porter la chaîne,
Près des belles souvent heureux
    Et toujours en haleine.
Au bruit du fifre et du tambour
Il mène la nuit et le jour
      L'Amour.
Oh, oh, oh, oh ! ah, ah, ah, ah !
Quel est donc ce bon vivant-là,
      La, la ?

Ami sincère et généreux,
    Humain, bon et sensible ;
Laisser souffrir un malheureux
    Lui paraît impossible.
Et si parfois il fait le bien,
En honnête homme il n'en dit rien,
      C'est bien.

Oh, oh, oh, oh! ah, ah, ah, ah!
Quel est donc ce bon vivant-là,
   La, la?

Bien qu'il soit dépeint trait pour trait,
 Vous devenez à peine
L'original de ce portrait;
 Mais pour sortir de peine,
A son voisin de bonne foi
Que chacun dise comme moi :
   C'est toi.
Oh, oh, oh, oh! ah, ah, ah, ah!
Notre bon vivant le voilà..
  La, la.

L'APPÉTIT.

Air du Cabaret.

Dieu des gourmands, fais dans ma veine
Passer le feu de tes fourneaux. —
Si ma prière n'est pas vaine
Tu souriras à mes travaux.
Sur tes pas conduis l'abondance
Dans les lieux où l'on te chérit,
Puisque c'est au sein de l'aisance
Que l'on doit chanter l'appétit.

L'appétit, mes chers camarades,
Est un bien du ciel descendu,
Et nous croyons être malades
Sitôt que nous l'avons perdu.
Mais sur nos fronts la joie éclate
Quand l'un de nous à l'autre dit :
Je ris des suppôts d'Hippocrate,
Aujourd'hui j'ai bon appétit.

Si le sujet et le monarque,
Tributaires de l'Achéron,

Ne peuvent éviter la barque
De l'inexorable Caron,
A table attendons la sentence :
Mangeons, buvons au jour maudit
Où l'on perd avec l'existence
La soif, la gaîté, l'appétit.

Cependant je me plais à croire
Que les gourmands aux sombres bords
Pourront rire, manger et boire
A la table du dieu des morts.
Là, pour eux, le plus effroyable
Des tourmens que l'enfer vomit
Serait de voir Pluton à table,
Et de n'avoir point d'appétit.

ÉLOGE DE LA FOLIE.

Air de la Baronne.

C'est la folie
Que je veux chanter dans mes vers.
Pourriez-vous blâmer mon envie,
Quand tout dans ce vaste univers
　　N'est que folie.

Par la folie
Le vaudeville est enfanté.
Elle est la source du génie.
La mère de la volupté
　　C'est la folie.

Sans la folie
Il n'est point d'amans, de héros.
Irait-on exposer sa vie ?
Irait-on troubler son repos
　　Sans la folie ?

C'est la folie
Qui nous guide et qui nous instruit ;
Et la sagesse en cette vie
Ordinairement est le fruit
　　De la folie.

MON PORTRAIT.

Air : Montrer de la mauvaise humeur.

Je suis de ces gens sans façon ,
Que les trésors ne tentent guère ,
Qui boivent, font une chanson ,
Et fêtent le dieu de Cythère.

Je ris de voir tous ces héros
Qui se font tuer pour la gloire.
J'aime mieux dans un doux repos
Aimer, rire , chanter et boire.

Je suis de ces gens sans façon ,
Que les trésors ne tentent guère ,
Qui boivent , font une chanson ,
Et fêtent le dieu de Cythère.

Agamemnon , Achille , Hector,
Ces héros qu'Homère nous vante ,
Ulysse et le sage Nestor
Buvaient et chantaient sous leu   tente.

Je suis de ces gens sans façon ,
Que les trésors ne tentent guère ,
Qui boivent, font une chanson ,
Et fêtent le dieu de Cythère.

Je les imite trait pour trait :
Au vin je suis toujours fidèle ,
Et chante ce joyeux couplet
En versant à boire à ma belle :

Je suis de ces gens sans façon,
Que les trésors ne tentent guère ,
Qui boivent , font une chanson ,
Et fêtent le dieu de Cythère.

Mais si le Tems au doigt d'airain
Venait enfin blanchir ma tête ,
Montrant la rougeur de mon teint ,
Je dirais à chaque fillette :

Je suis de ces gens sans façon ,
Que les trésors ne tentent guère ,
Qui boivent , font une chanson ,
Et fêtent le dieu de Cythère.

Quand j'aurai quitté pour toujours
De Cypris la cour printanière,
Si je ne sers plus les Amours ,
Je veux dire en vidant mon verre ;

Je suis de ces gens sans façon ,
Que les trésors ne tentent guère ,
Qui boivent, font une chanson ,
Et fêtent le dieu de Cythère.

LA CHOSE ÉTONNANTE.

Air à ma Margot.

Par quinze printems embellie,
Douce, aimable, vive et jolie,
Lisette voyait chaque jour
Vingt amans lui faire la cour;
Et malgré (bis) ses appas. son âge,
   Lise resta sage.
Chacun avec moi conviendra
Qu'ça n'devait pas finir comm' ça.

Un préfet d'abord se présente,
Et, croyant que de l'or la tente,
Lui dit : Belle enfant, aime-moi :
Ce schal, cet écrin sont à toi;
Mais malgré (bis) son bel étalage
   Lise resta sage.
Chacun avec moi conviendra
Qu'ça n'devait pas finir comm' ça.

Bouffi d'orgueil et d'arrogance,
De sottise et de suffisance,
Un commis, fier d'un bel habit,

Se présente : il est éconduit ;
Et malgré (*bis*) son papillotage
    Lise resta sage.
Chacun avec moi conviendra
Qu'ça n'devait pas finir comm' ça.

Mais ayant servi la patrie ,
Francœur, des champs de la Hongrie
Revenait avec nos guerriers ,
Riche d'honneur et de lauriers ,
Et sans bien (*bis*) , pour prix d'son courage
    Eut Lise en mariage.
Chacun avec moi conviendra
Qu'ça n'devait pas finir comm' ça.

Au sein de son heureux ménage ,
Servant d'exemple au voisinage ,
Lise partagea ses instans
Entre son époux , ses enfans ,
    Et jamais (*bis*) la belle
    Ne fut infidèle.
Chacun avec moi conviendra
Qu'ça n'devait pas finir comm' ça.

LE HIBOU PINSON.

Air des Bossus.

Lorsque l'ennui me saisit par le cou,
Hélas! je suis triste comme un hibou ;
Mais de Momus, bien joyeux nourrisson,
Lorsque je trouve un refrain de chanson,
Amis, je suis aussi gai qu'un pinson.

Près d'une vieille à l'œil de sapajou,
Hélas! je suis triste comme un hibou ;
Mais s'il me faut avec jeune tendron
Faire une nuit ou fillette ou garçon,
Amis, je suis aussi gai qu'un pinson.

Qu'un fat possède et calèche et bambou,
Hélas ! je suis triste comme un hibou ;
Mais quand je vois un vieux bonnet d'ourson
Orner son char d'un nouvel écusson,
Amis, je suis aussi gai qu'un pinson.

Faut-il aller guerroyer comme un fou ?
Hélas ! je suis triste comme un hibou :

Près d'une table où l'on vit sans façon ,
Si lise veut nous servir d'échanson ,
Amis , je suis aussi gai qu'un pinson.

Aux discours plats faut-il tendre le cou ?
Hélas ! je suis triste comme un hibou ;
Mais de Bacchus très ardent nourrisson ,
Faut-il chanter une vieille chanson?
Amis , je suis aussi gai qu'un pinson.

D'un grand veut-on m'apposer le licou ?
Hélas ! je suis triste comme un hibou ;
Si l'amitié dont j'aime la leçon ,
M'offre la main d'un joyeux polisson ,
Amis , je suis aussi gai qu'un pinson.

La mort viendra pour me tordre le cou ,
J'y songe et suis triste comme un hibou;
Je sais qu'ici , buvant à l'unisson ,
Après ma mort vous ferez la chanson ,
Amis , je suis aussi gai qu'un pinson.

ÇA FAIT DU BIEN
PAR OU ÇA PASSE.

Air du Verre.

Si tous les ans de mon cerveau
L'on voit sortir vingt chansonnettes,
C'est aux gais rimeurs du Caveau
Que je dois toujours les mieux faites ;
Sachant que je veux imiter
Ces fleurs brillantes du Parnasse,
Vous direz, m'entendant chanter :
Ça fait du bien par où ça passe.

Dans les riches vergers d'Eden
Vous savez que le premier homme
Fut loin de montrer du dédain
En mangeant la fatale pomme.
Pouvait-il long-tems résister,
Quand Eve lui dit avec grace :
Ne crains rien, je viens d'en goûter :
Ça fait du bien par où ça passe.

Vins exquis et minois charmans,
Francs amis, table bien servie,

Je crois que pour les vrais gourmands
Ce sont les plaisirs de la vie ;
En dépit des mauvais plaisans,
Qui disent que le plaisir lasse ,
Bourgogne et tendron de quinze ans,
Ça fait du bien par où ça passe.

En bon vivant , je ne crois pas
Ce docteur qui prêche la diète ,
Et prétend que les bons repas
Font tort au corps comme à la tête.
Voyant vos ventres arrondis
Vos vers pleins d'esprit et de grace ,
En dépit du docteur je dis :
Ça fait du bien par où ça passe.

ME VOILA SORTI D'EMBARRAS.

Air du Courtisan dans l'embarras.

Pour chansonner sur cette terre,
S'il fallait un homme sensé,
Cher ami, je ne puis le taire,
Je serais fort embarrassé.
Grace à votre indulgence extrême,
Chacun de vous se dit tout bas :
Un fou peut chansonner de même ;
Me voilà sorti d'embarras.

Faut-il de l'esprit, de la grace
Au poste où vous m'avez placé ?
Faut-il monter sur le Parnasse ?
Me voilà fort embarrassé.
Mais pour l'occuper avec gloire,
De Momus en prenant le bras,
Il ne faut que chanter et boire :
Me voilà sorti d'embarras.

Sans avoir l'habit des dimanches,
Chez vous ne puis-je être placé ?

Faut-il quitter ma gaîté franche :
Me voilà fort embarrassé ;
Mais je sais que sans étiquette,
Amis, vous me tendez les bras,
Que vous riez de ma toilette :
Me voilà sorti d'embarras.

Vieux marquis bouffi d'arrogance,
Par moi doit-il être encensé ?
Pour chanter ses quinze ans d'absence
Me voilà fort embarrassé ;
Mais d'un enfant de la victoire
Qui pour l'honneur perdit un bras,
S'agit-il de chanter la gloire,
Me voilà sorti d'embarras.

D'un président d'académie,
Dont la science m'a lassé,
Dois-je célébrer le génie,
Me voilà fort embarrassé :
D'un vivant qui chante à la table
Où nous prenons ce gai repas,
S'il faut chanter la muse aimable,
Me voilà sorti d'embarras.

Sans bien, sans richesse ni terre,
Lorsque je serai trépassé,
Où voulez-vous que l'on m'enterre ;
Me voilà fort embarrassé

Sur mon tombeau privé de gloire
Les Muses ne pleureront pas ;
Mais vous boirez à ma mémoire :
Me voilà sorti d'embarras.

PETIT VAUDEVILLE.

Air : La farira dondaine au gai.

Ça, Muse, exilons
L'ariette imbécile ;
Momus, rappelons
L'ancien vaudeville,
Gai,
La farira dondaine au gué,
La farira dondé.

Puisqu'un refrain plaît
Tant soit peu caustique,
Armons un couplet
D'un trait satirique.
Gai,
La farira dondaine au gué,
La farira dondé.

Les nouveaux soupers
Viennent donc de naître,
De spasme frappé
Long-tems avant d'être,
Gai,

La farira dondaine au gué ,
La farira dondé.

Un auteur luron
Y promet d'avance
Des vers qui seront
Comme une romance ;
Gai ,
La farira dondaine au gué ,
La farira dondé.

Chez eux l'on aura
Gaîté d'antichambre ;
Pierrot y fera
Bâiller chaque membre ;
Gai ,
La farira dondaine au gué
La farira dondé.

Pillant çà et là
Aux champs , à la ville
L'un d'eux croit déjà
Son plat vaudeville
Gai ,
La farira dondaine au gué
La farira dondé.

Près Collé , Pierrot
Désire une place ,

Et pourtant le sot
Est moins qu'un paillasse,
Gai,
La farira dondaine au gué ,
La farira dondé.

La Mort, en griffant
Ce corps respectable ,
Le prendra ronflant ,
Et comme un constable,
Gai,
La farira dondaine au gué ,
La farira dondé.

Quand il les verra
Sur les rives sombres,
Pluton trouvera
Caron et les ombres,
Gai,
La farira dondaine au gué ,
La farira dondé.

LE SOT PERSONNAGE.

Air : En mariage , ma mère.

Pierrot serait un bon homme
S'il était sans préjugé ,
Vous direz l'ayant jugé ,
   En l'ayant jugé ,
Par ses raisons il assomme.
Il est si sot , si sot , si sot ,
   Le sot garçon que Pierrot ,
Le sot , le sot garçon que Pierrot.

Il croit que femme jolie ,
Mariée en son printems ,
Peut renoncer aux amans ,
   Renoncer aux amans ,
Aux bals , à la coquetterie.
Il est si sot , si sot , si sot ,
   Le sot garçon que Pierrot ,
Le sot , le sot garçon que Pierrot.

Il croit qu'une veuve aimable
Renonce au plaisir si doux

D'avoir un nouvel époux.
    Un nouvel époux ;
Il la croit même inconsolable.

Il est si sot , si sot , si sot ,
    Le sot garçon que Pierrot ,
Le sot , le sot garçon que Pierrot.

    Il ne croit point aux disgraces
    Qu'on éprouve chez les grands ;
    Il croit l'esprit , les talens ,
        L'esprit , les talens
    Suffisans pour avoir des places.

Il est si sot , si sot , si sot ,
    Lé sot garçon que Pierrot ,
Le sot , le sot garçon que Pierrot.

    Il dit qu'une jouvencelle
    Que courtisent vingt amans
    Peut bien jusques à trente ans ,
        Jusques à trente ans
    Rester novice et demoiselle.

Il est si sot , si sot , si sot ,
    Le sot garçon que Pierrot ,
Le sot , le sot garçon que Pierrot.

    Il croit , je ne puis le taire ,
    S'il avait d'heureux amis ,
    Chez eux il serait admis

Il serait admis,
Non comme ami mais comme frère.

Il est si sot, si sot, si sot,
Le sot garçon que Pierrot,
Le sot, le sot garçon que Pierrot.

Il croit qu'aimant leur patrie,
Un ministre, un général
Pour l'intérêt général,
L'intérêt général,
Négligent leurs biens et leur vie.

Il est si sot, si sot, si sot,
Le sot garçon que Pierrot,
Le sot, le sot garçon que Pierrot.

Il croit que nos vaudevilles
Réussissent sans claqueurs;
Les docteurs, les procureurs
Les procureurs
Lui semblent aux humains utiles.

Il est si sot, si sot, si sot,
Le sot garçon que Pierrot,
Le sot, le sot garçon que Pierrot.

Il croit si bien que sa femme
Tient au serment conjugal,
Qu'avec ses amis au bal,

Même en carnaval,
Sans crainte il laisse aller la dame.

Il est si sot, si sot, si sot,
  Le sot garçon que Pierrot,
Le sot, le sot garçon que Pierrot.

  Sous les ans si je succombe,
  Dit-il, ma douce moitié,
  Conduite par l'amitié
    La tendre amitié,
Pleurera vingt ans sur ma tombe.

Il est si sot, si sot, si sot,
  Le sot garçon que Pierrot,
Le sot, le sot garçon que Pierrot.

NICETTE ET LUCAS.

Air : A ma Margot du bas en haut.

Laissez donc mon lin , cher Lucas;
De grace ne m'en filez pas.

Par ces mots l'aimable Nicette,
Aussi simple que sa houlette,
Croyait arrêter le malin
Qui voulait filer à son lin.

Ah ! mon dieu , que dira ma mère?
   Elle est si sévère :
Laissez donc mon lin , cher Lucas;
De grace ne m'en filez pas.

Ne touchez point à ma quenouille;
Tenez , déjà mon lin s'embrouille;
Mon cher Lucas , vous voyez bien ,
Vous ne réussissez à rien.

A mon dieu , que dira ma mère?
   Elle est si sévère :
Finissez donc , mon cher Lucas;
De grace ne m'en filez pas.

Prends ce fuseau, ma tendre amie.
— Il est si gros ! quelle folie !
A peine tient-il dans mes doigts;
Mon lin va se rompre vingt fois.

Ah ! mon dieu, que dira ma mère ?
 Elle est si sévère :
Finissez donc, mon cher Lucas ;
De grace ne m'en filez pas.

Pour montrer son intelligence,
Lucas, malgré la remontrance,
Fait de son fuseau dans l'instant
Ce que Nicette craignait tant.

Le cœur gros, la jeune bergère,
 Alors moins sévère ,
Disait : Finissez, cher Lucas :
De grace ne m'en filez pas.

Le gros Lucas avec courage,
Vite se remet à l'ouvrage ;
Nicette voyant le vaurien
Pour filer s'y prendre assez bien ,

Lui disait, fermant la paupière ,
 Si je te suis chère :
Fi, fi, finis donc, cher Lucas :
De grace ne m'en file pas.

Depuis cet heureux jour. Nicette,
Aux bois avec Lucas seulette ,

S'enva , conduite par l'Amour,
Filer deux ou trois fois par jour ;

Et malgré sa mère ,
La jeune bergère
Ne dit qu'en riant à Lucas :
De grace ne m'en file pas.

LE CENSEUR APPROBATEUR.

Air du vaudeville des deux Edmonds.

Quel est donc ce convive aimable ,
Qui vient offrir à cette table ,
L'esprit , la gaîté , la chanson
    Du gai Lanjon.
Amis , c'est un joyeux poète .
De qui plus d'une chansonnette
Prouve qu'il est , tantôt censeur ,
   Tantôt approbateur.

Aux sots si nous rendons hommage ,
Si nous dégradons le courage ,
Pour chanter un grand sans honneur
    C'est un censeur.
Mais si des fils de la victoire ,
Dans nos vers nous chantons la gloire
Et le courage et la valeur ,
   C'est un approbateur.

Si pour alléger sa souffrance ,
Nous n'offrons point à l'indigence

Et notre bourse et notre cœur
    C'est un censeur.
Mais à ses larmes accessibles,
Courons-nous en hommes sensibles,
Gaîment au-devant du malheur,
    C'est un approbateur.

Pour les bons repas qu'on nous donne.
Lorsque notre Muse fredonne,
Par hasard un couplet menteur
    C'est un censeur.
Mais avec zèle chante-t-elle,
Un ami, Bacchus, une belle,
Ses refrains partent-ils du cœur,
    C'est un approbateur.

Une maligne chansonnette,
Afflige-t-elle un homme bonnête,
Veut-elle insulter au malheur,
    C'est un censeur.
De la satire la férule,
Frappe-t-elle du ridicule
Un sot bouffi de sa grandeur,
    C'est un approbateur.

Faut-il mener la vie austère,
D'un philosophe solitaire,
Quitter Momus pour la douleur,
    C'est un censeur,

Transporté d'un joyeux délire,
Faut-il aimer et boire et rire,
Et chanter un refrain en chœur,
C'est un approbateur.

MES CONSEILS.

Air :

Adorateur de la paresse,
Zélé partisan du plaisir,
De ma bouteille et ma maîtresse
Gaîment j'occupe mon loisir.
Oui tour à tour je les caresse,
Sans m'enivrer et sans languir,
Et chante maint refrain gaillard
    Dont la franchise
    Effrayant la sottise,
Rappelle les couplets sans fard,
De Collé, Piron et Panard.

En dépit du flatteur servile,
Conservons notre hilarité,
Qu'il craigne le gai vaudeville
Qui fredonne la vérité ;
Amis, proclamons par la ville
Et ses bons mots et sa gaîté.
Répétons maint refrain gaillard,
    Dont la franchise

Effrayant la sottise ,
Rappelle les couplets sans fard
De Collé, Piron et Panard.

Où règne la cérémonie ,
L'ennui vient toujours éclipser ,
Les plaisirs, l'aimable folie
Que le grand ton vient remplacer :
Mais les bons mots et la saillie ,
Viennent à bout de les chasser.
Quand on chante un refrain gaillard ,
  Dont la franchise
 Effrayant la sottise ,
Rappelle les couplets sans fard
De Collé , Piron et Panard.

Dans un grand repas insipide ,
Chacun est de mauvaise humeur.
Les fillettes ont l'air timide ,
Les mamans ont le ton grondeur ;
Au dessert leur front se déride ,
Aussitôt qu'un joyeux buveur
Répète maint refrain gaillard ,
  Dont la franchise
 Effrayant la sottise ,
Rappelle les couplets sans fard
De Collé, Piron et Panard.

Si par hasard une fillette ,
Rougissant et baissant les yeux ,

Voulait d'une froide ariette
Chanter les couplets ennuyeux ;
Voulez-vous la mettre en goguette,
Vite prenez le ton joyeux,
Chantez lui maint refrain gaillard,
    Dont la franchise
     Effrayant la sottise,
Rappelle les couplets sans fard
De Collé, Piron et Panard.

Par leurs vertus et leur sagesse,
Par leur esprit, partout enfin,
Nos aïeux qu'on cite sans cesse,
Et qu'on ne cite pas en vain,
Comme nous changeaient de maîtresse,
Et comme nous buvaient du vin,
Et chantaient maint refrain gaillard,
    Dont la franchise
     Effrayant la sottise,
Préludaient aux couplets sans fard
De Collé, Piron et Panard.

Dédaignant la froide étiquette,
Et les maîtresses du grand ton,
Dans un amoureux tête à tête,
Où Bacchus dicte une chanson,
J'aime qu'une aimable grisette,
Au doux sourire, à l'œil fripon,
Me chante maint refrain gaillard,

  Dont la franchise
   Effrayant la sottise ,
Préludaient aux couplets sans fard
De Collé , Piron et Panard.

 Puisque le sujet , le monarque ,
Sont tributaires de Caron ,
Gaîment avec lui je m'embarque ,
Je chante et bois sur l'Achéron ;
 Et je veux en quittant sa barque
Avec l'enfer dansant en rond ,
Fredonner maint refrain gaillard ,
  Dont la franchise
   Effrayant la sottise ,
Préludaient aux couplets sans fard
De Collé , Piron et Panard.

AUX BELLES.

Ain : Si vous avez une femme volage.

Pour l'amitié, pour l'amour accessibles,
Ah! si vos cœurs sont bienfaisans et doux,
Si vous êtes aimables et sensibles,
   Montrez-vous, belles, montrez-vous,
     Montrez-vous.   (bis.)

Mais affectant une vertu sévère,
Si pour un rien, vous entrez en courroux,
Si vous forcez les amours à se taire,
   Cachez-vous, belles, cachez-vous,
     Cachez-vous.

Ah! si pour vous le silence a des charmes,
Du rossignol si l'accent vif et doux
De vos beaux yeux arrachent quelques larmes,
   Montrez-vous, belles, montrez-vous,
     Montrez-vous.

Dans nos bosquets si l'ennui vient nous prendre,
Et si le dieu qui nous asservit tous
A votre cœur ne se fait pas entendre,

Cachez-vous, belles, cachez-vous,
    Cachez-vous.

Pour un époux si vous êtes sincères,
Si vous craignez de le rendre jaloux,
Si vous êtes bonnes et tendres mères,
  Montrez-vous, belles, montrez-vous,
    Montrez-vous.

Si vous êtes coquettes et légères,
Si pour vos cœurs le changement est doux
Si vos filles pour vous sont étrangères,
  Cachez-vous, belles, cachez-vous,
    Cachez-vous.

A MES AMIS

Air de Julie.

Joyeux disciples d'Epicure ,
Qui du plaisir suivez la loi ,
Vous qu'une amitié vive et pure ,
Fait chaque jour penser à moi.
Loin de vous chassez la tristesse ,
Fuis en attendant mon retour,
Croyez-moi , chantez tour à tour.
Bacchus , l'Amour et la Paresse.

Voyez cet auteur en délire ,
Bouffi d'arrogance et de grec ,
Au théâtre lorsque sa lyre ,
Vient de recevoir un échec.
Ses traits inspirent la tristesse ,
On n'y lirait que la gaîté ,
Si comme vous il eût chanté ,
Bacchus , l'Amour et la Paresse.

Lorsqu'un tribunal équitab le ,
M'aura rendu la liberté ,
Vous me verrez encore à table
Applaudir à votre gaîté :

Près de vous, près de ma maîtresse ;
Ami sensible et tendre amant,
Je veux chanter à chaque instant,
Bacchus, l'Amour et la Paresse.

A MADAME L...

Air : Il est vrai que Thibault mérite.

Dès long-tems ma muse légère
Avait suspendu ses pipeaux,
Et de l'espiègle de Cythère,
Déserte les brillans drapeaux.
Je te vois, ce n'est plus de même,
D'amour je reconnais la loi;
L'on ne chante que ce qu'on aime,
Et ma chansonnette est pour toi.

L'hymen un jour dans sa colère,
D'amour éteignit le flambeau,
Mais dans ta main il peut, ma chère,
Briller encor d'un feu nouveau.
L'Amour près de femme jolie,
Peut éprouver un doux émoi;
Mais l'art de lui rendre la vie,
N'est et ne fut donné qu'à toi.

Si je trouvai Lise jolie,
D'Eglé si je suivis les pas,

Et si je crus aimer Délie,
Alors je ne te voyais pas.
L'encens que l'on offre à Cythère,
Jadis fut prodigué par moi ;
Mais si je parviens à te plaire,
Je n'en veux brûler que pour toi.

EN ATTENDANT.

Air : Au coin du feu.

De faire un poème,
Je m'étais à moi-même,
    Fait le serment.
Quand ma muse en goguette,
Dit : Fais la chansonnette
    En attendant.

Jusqu'à son mariage,
Lise veut être sage
    Et sans amant.
Mais la belle en cachette,
Ecoute la fleurette,
    En attendant.

Pour faire un long voyage,
Paul quitta son ménage
    En enrageant.
Mais sa femme gentille,
A doublé sa famille
    En attendant.

Je n'ai point un seul doute,
Des plaisirs que l'on goûte
   An firmament.
Mais plus gai que sévère,
Je jouis sur la terre
   En attendant.

La vie est un voyage
Où la mort au passage
   Tous nous surprend.
Eh bien ! coûte qui coûte,
Semons de fleurs la route,
   En attendant.

RONDE.

Air de la ronde du prince Maldakai.

Que le bon Momus par nous guetté,
Verse pour doubler notre gaîté,
Comme par torrent
Ce jus énivrant,
Qui presque toujours rend
L'homme franc.

Le Tems s'enfuit,
L'Amour le suit,
La grappe
Nous échappe.
Profitons des derniers instans
A la barbe du Tems.

Que le bon Momus par nous guetté,
Verse pour doubler notre gaîté
Comme par torrent
Ce jus enivrant,
Qui presque toujours rend
L'homme franc.

Auteurs , guerriers ,
Quand vos lauriers ,
Se flétrissent
Pâlissent.
La couronne des francs buveurs,
Conserve ses couleurs.

Que le bon Momus par nous guetté ,
Verse pour doubler notre gaîté ,
Comme par torrent
Ce jus enivrant
Qui presque toujours rend
L'homme franc.

L'épicurien ,
Joyeux vaurien ;
Dans une rose
Eclose ,
Voyant l'image du plaisir
S'empresse à le saisir.

Que le bon Momus par nous guetté ,
Verse pour doubler notre gaîté
Comme par torrent
Ce jus enivrant ,
Qui presque toujours rend
L'homme franc.

Que le berger
D'un ton léger,

Soupire
Son martyre,
Nous plus joyeux et plus grivois,
Chantons à pleine voix.

Que le bon Momus par nous guetté,
Verse pour doubler notre gaîté,
Comme par torrent
Ce jus enivrant,
Qui presque toujours rend
L'homme franc.

Voyez en deuil,
Dans un fauteuil,
Sa hautesse
Qu'on berce,
Tandis que sur nos tabourets,
Nous sommes guillerets.

Que le bon Momus par nous guetté,
Verse pour doubler notre gaîté,
Comme par torrent
Ce jus enivrant,
Qui presque toujours rend
L'homme franc,

LE PLAISIR D'ÊTRE BUVEUR.

Air : Quand mon oreille entend.

Je quitte pour toujours le dieu qu'Ovide adore ;
    C'est toi Bacchus que j'implore ,
    D'un buveur épicurien
    Tu dois être le soutien.
    Viens mettre ma muse en goguette ,
    Et par l'effet de la liqueur,
    Fais qu'avec moi chacun répète ,
    C'est un plaisir d'être buveur.

Alexandre le Grand qu'on nous dépeint si brave ,
    Eût trouvé plus d'une entrave ,
    S'il n'eut été plein de vin
    Et le soir et le matin,
    Mais comme aux champs de la victoire ,
    Le vin redoublait sa valeur,
    Il chantait après la victoire ,
    C'est un plaisir d'être buveur.

Suivons du bon Chaulieu toujours l'aimable trace ,
    Et comme le dit Horace ,

Tâchons de passer le tems
Des fleurs de notre printems.
Enchaînons ce dieu sous la treille,
Et que content de sa lenteur,
Il s'écrie en buvant bouteille,
C'est un plaisir d'être buveur.

Buvons, mes bons amis et que demain l'aurore
En naissant nons trouve encore,
Chacun un verre à la main,
Célébrant le dieu du vin :
Et puisque lui seul nous rassemble,
Et qu'il vient de me faire auteur,
Il nous faut répéter ensemble,
C'est un plaisir d'être buveur.

A LA GOGUETTE.

Dans ton sanctuaire
Les fronts inclinés,
Pour fêter leur mère
Vois de nouveaux nés,
Qui, buveurs, chanteurs,
Suivant en tous lieux ta bannière,
Des joyeux auteurs
Suivant la Muse chansonnière,
Des vices insignes
Critiques mordants,
Se montreront dignes
D'être tes enfans.

Amitié, franchise,
Rondeur et gaîté,
Voilà la devise
D'après l'arrêté;
Jamais langoureux,
Et narguant la froide étiquette,
Nous serons heureux
Ainsi que toi, mère goguette.
Aimable folie
Et refrains ronflans,

Fronts tachés de lie,
Voilà tes enfans.

Gai, que la satire
Emèche son fouet :
Qu'un fat en délire
Soit notre jouet :
Rions des excès,
Des faux dévots, de leur jactance.
Rions des procès,
Des recors et de leur sentence
Chantons sous les vignes
Nos preux triomphans,
Et nous serons dignes
D'être tes enfans.

Pilliers de guinguette,
Un joyeux essaim
Aima la fillette
Qu'a nourrie ton sein ;
Par fois nous irons
Avec elle chanter et boire ;
Nous recruterons,
Pour éterniser ta mémoire
Un troupeau fidèle
De fils bien portans,
Qui chez nous, chez elle
Seront tes enfans.

Mais par caractère
Ces francs égrillards,

Tenant de leur mère ,
Sout un peu paillards ;
Au soir d'un beau jour
Près de fillette à l'œil humide ,
Au flambeau d'amour
Armer sa main encore timide .
Rire des prières ,
Emouvoir les sens ,
Fournir six carrières ,
Voilà tes enfans.

Sortant d'une treille
Joyeux bout-en-train ,
Tenant la bouteille
Et le tambourin.
Poursuivant les sots ,
Les petits rimeurs d'antichambre ,
Livrant des assauts
A tous docteurs parfumés d'ambre ,
Le gai vaudeville ,
Drapeaux triomphans ,
Ira par la ville
Avec tes enfans.

LE SULTAN AMURAT.

AIR : Ah ! que ne puis-je échanger ma puissance.

IVRE d'amour, de vin et de tendresse ,
La coupe en main , le sultan Amurat,
Tranquille aux pieds de sa belle maîtresse ,
Laissait flotter le vaisseau de l'état.
Il s'écriait , ému , l'ame ravie ,
   Je ris du prophète divin ,
Puisque j'ai pris pour embellir ma vie ,
   Bouquet de perles ' et du vin.

Séduit long-tems par une fausse gloire ,
Le commandeur, le maître des Croyans,
Ne désirait ni te charmer ni boire ,
Et recherchait des plaisirs plus bruyans.
Mais des chrétiens il a bu l'ambroisie ,
   Il abjure un projet si vain ,
Et chérit plus que le trône d'Asie,
   Bouquet de perles et du vin.

' Les Turcs appellent leurs maîtresses, bouquet de
perles , bouquet de roses , etc.

Quand de sa tige une rose arrachée
Sur mon turban remplace le saphir,
Lorsque ta bouche à ma bouche attachée
Fait dans mes sens circuler le plaisir.
A mes côtés des houris la plus belle
  Viendrait pour me séduire en vain,
Je ne voudrais jamais quitter pour elle
    Bouquet de perles et du vin.

A mes sujets je fis assez connaître
Mon despotisme et mon autorité;
Je suis enfin las de régner en maître,
Et veux partout régner par la bonté.
Que la Turquie à ma voix s'embellisse,
  Que satisfait, content de son destin,
En s'éveillant tout mon peuple bénisse
    Bouquet de perles et du vin.

Notre jeunesse, hélas! est attachée
A ce vieillard qui compte nos instans,
Et vient flétrir d'une main desséchée
Roses d'amour et roses du printems.
De moissonner, pour qu'enfin il se lasse,
Qu'Amour, Bacchus l'escortent en chemin,
Que nous faut-il pour oublier qu'il passe,
    Bouquet de perles et du vin.

Comme il chantait, sa jeune et tendre amie.
  Telle qu'Hébé, versait à son repos,

D'un vin exquis le nard et l'ambroisie,
Que le sultan savourait à grands flots.
Mais sa paupière à l'instant va se clore
  Sous le poids du dieu du raisin ,
En la fermant il bégayait encore
  Bouquet de perles et du vin.

LE FRILEUX.

Air : Moi, je flâne.

Moi, je gèle   (*bis.*)
Dans la saison la plus belle ;
Moi, je gèle ;
En tous lieux
Je suis frileux.

Mil sept cent quatre vingt-neuf
Vit une jeune brunette :
Qui m'ébaucha sur l'herbette
Et me fit sur le pont Neuf.
Il gelait fort, et la bise
M'ayant saisi dans l'instant ,
Fit, croyez-en ma franchise ,
Que je chante en grelottant.

Moi, je gèle   (*bis.*)
Dans la saison la plus belle ;
Moi, je gèle ;
En tous lieux
Je suis frileux.

Quand je vois ce bon humain ,
Qui pour me prouver sans cesse
Son amitié , sa tendresse ,
Me serre vingt fois la main ;
Puis qui va la tête altière ,
Après le moindre bienfait ,
Instruire la terre entière
Du peu de bien qu'il m'a fait.

Moi , je gèle   (*bis.*)
Dans la saison la plus belle ;
Moi , je gèle ;
En tous lieux
Je suis frileux.

Près de ce plat chansonnier ,
Qui sur un champ de bataille
Frappe d'estoc et de taille ,
Avec un vieux cuirassier.
Bien que le mot de patrie
Rende les vers chauds , ronflans ,
Et que son artillerie
Vomisse des feux roulans ,

Moi , je gèle   (*bis.*)
Dans la saison la plus belle ;
Moi , je gèle :
En tous lieux
Je suis frileux.

Dans les concerts d'amateurs,
Dans les bals où l'on se pousse,
Dans les dîners sous le pouce,
Dans les réunions d'auteurs,
Dans les cercles politiques,
Dans des palais bien dorés,
Dans les clubs académiques.
Bien chauffés, bien éclairés,

    Moi, je gèle   (*bis.*)
Dans la saison la plus belle;
    Moi, je gèle;
    En tous lieux
    Je suis frileux.

Malgré les poêles ardens
Qu'on met pour chauffer la salle,
A la Gaîté je m'installe,
Bientôt j'y claque des dents.
En vain une auguste reine
Peint avec feu son ardeur,
Je m'écrie à perdre haleine,
Au plus fort de sa chaleur :

    Moi, je gèle   (*bis.*)
Dans la saison la plus belle;
    Moi, je gèle;
    En tous lieux
    Je suis frileux.

Près d'amours de cinquante ans
Que le parfumeur colore ,
Que le bijoutier décore
Et dont on a fait les dents :
Près de la jeune fillette
Qui me trouve trop heureux
De soupirer en cachette
A l'écho mes tendres feux ,

Moi , je gèle   (*bis.*)
Dans la saison la plus belle ;
Moi , je gèle ;
En tous lieux
Je suis frileux.

Lorsque l'ange de la mort
Aura terminé ma vie
Et qu'aux lieux où gît l'envie
J'irai terminer mon sort ,
Bien loin qu'alors je soupire ,
Je m'écrirai , ventre bleu ,
Monseigneur du sombre empire ,
Vite soufflez votre feu.

Moi , je gèle   (*bis.*)
Dans la saison la plus belle ;
Moi , je gèle ;
En tous lieux
Je suis frileux.

LE VIEILLARD DE TRENTE ANS.

Air : La garde meurt et ne se rend pas.

Je n'ai pas vu les beaux jours de la France ,
Dont mon aïeul si souvent me parla ,
Malgré nos vœux dictés par l'espérance ,
De son beau sol le bonheur s'exila.
En attendant qu'un destin moins austère
Sous notre ciel les fixe pour toujours ,
Vieux à trente ans , sous mon toit solitaire ,
De mon pays je rêve les beaux jours.

Au bon Momus je donne la parole ,
Le sel attique assaisonne ses vers;
Du gai Collé la fine gaudriole
Charme les grands en frondant leurs travers.
De la gaîté seul baume salutaire ,
Un magistrat n'interrompt pas le cours,
Vieux à trente ans , sous mon toit solitaire
De mon pays je rêve les beaux jours.

De l'avenir je remonte les âges ,
Là , je me crée un peuple de héros ;

Vierge sacrée et fille des orages,
La Liberté sourit à leurs travaux.
Heureux par nous, les peuples de la terre
Ont déposé leur glaive pour toujours.
Vieux à trente ans, sous mon toit solitaire,
De mon pays je rêve les beaux jours.

Je fais voler aux plaines de l'Afrique
Nos bataillons à d'utiles exploits ;
A leur aspect, sous la case rustique,
Je vois fleurir et nos arts et nos lois.
Du Maure enfin bravant le cimetère,
Le Noir sourit au fruit de ses amours.
Vieux à trente ans, sous mon toit solitaire,
De mon pays je rêve les beaux jours.

Je vois Henri des demeures divines,
Qui, protecteur de la France et des lis,
Sous l'étendard des vainqueurs de Bovines,
A réuni les vainqueurs d'Austerlitz.
A son aspect une raison austère
De nos discors enfin suspend le cours.
Vieux à trente ans, sous mon toit, solitaire,
De mon pays je rêve les baux jours.

Nota. Cette chanson fut faite en 1815, et depuis cette
partie des rêves de l'auteur fut réalisée.

CONSOLEZ-VOUS.

Air : Sous les murs du château d'Elvire.

Consolez-vous, ma jeune amie,
Si l'on néglige vos appas;
La froide vieillesse endormie
N'ose encor marcher sur vos pas.
L'Amour que votre chagrin touche,
Des baisers qu'il promet si doux,
Ne privera pas votre bouche :
Consolez-vous, consolez-vous.

Consolez-vous, ma jeune amie,
Du repos de votre pays;
Par ses revers l'ame affermie,
Loin de pleurer nos preux trahis,
Au loin regardez l'espérance
Offrir à votre heureux époux
Des fils qui serviront la France :
Consolez-vous, consolez-vous.

Consolez-vous, ma jeune amie,
Si du Grec le sol agité

N'a point encor vu raffermie
La palme de la liberté.
Le Noir, ce fils de l'esclavage,
Et libre et citoyen par nous,
Reçoit le prix de son courage:
Consolez-vous, consolez-vous.

Consolez-vous, ma jeune amie,
Si, pour quelques jolis péchés,
Un mortel voue à l'infamie
Les cœurs que l'Amour a touchés.
Aux cieux Dieu voyant nos caresses,
Sourit et calme son courroux:
De vos erreurs enchanteresses,
Consolez-vous, consolez-vous.

Consolez-vous, ma jeune amie,
Si du Tems tels sont les arrêts,
Des grâces sa marche ennemie
Un jour viendra flétrir vos traits.
Mais d'un ami les mains timides,
Malgré les aquilons jaloux,
Sous des fleurs cacheront vos rides:
Consolez-vous, consolez-vous.

JE ME TROUVE HEUREUX
D'ÊTRE AU MONDE.

Air : Vive le Roi ! vive la France !

Amis , je suis déjà bien vieux ;
Ma voix tremble , mon corps chancelle ,
Et pourtant sur mon front joyeux
Brille la gaîté qu'il recelle.
Quand de ce qui charme nos jours
Des mécontens la foule abonde,
Avec ma muse et les Amours
Je me trouve heureux d'être au monde.

Du gai vaudeville amateur ,
A la gaîté toujours fidèle,
Sans quitter les titres d'auteur ,
Parfois je chansonne près d'elle.
Quand des verres le joyeux train
Vient accompagner une ronde ,
Que j'en répète le refrain ,
Je me trouve heureux d'être au monde.

Vieux guerrier , jeune citoyen ,
D'un doux repos goûtant les charmes,

Des plaisirs serrant le lien,
Pour le soc j'ai quitté les armes.
Tranquille à l'ombre de nos lois,
Sur l'heureux sol que je féconde,
En rêvant à nos vieux exploits
Je me trouve heureux d'être au monde.

Sexe charmant, plaisez toujours :
Ah! que Bacchus et la Folie,
Quand je ne sers plus les Amours,
Près de vous au moins me rallie.
Si je ne peux plus vous fêter,
Ma muse, que l'Amour seconde,
Se plaît encor à vous chanter :
Je me trouve heureux d'être au monde.

Toi qui détruis dans ton courroux
Tout ce que ta main renouvelle,
Qui nous marques le rendez-vous
Que parfois manque une infidèle ;
Ah! si rien ne peut arrêter
Ta course agile et vagabonde,
Cent ans daigne me respecter :
Je me trouve heureux d'être au monde.

CHANTONS LES BELLES.

Air : Quand les bœufs vont deux à deux.

Gai, chantons en ce jour
Les belles et l'Amour ;
Car sans les belles, morgué,
L'on ne saurait être gai.

Nymphes, en habits de ville,
Ecoutez le vaudeville
D'un de vos meilleurs amis ;
Si dans maintes chansonnettes
Il persifla vos toilettes,
C'est qu'il n'y fut point admis.

Gai, chantons en ce jour
Les belles et l'Amour ;
Car sans les belles, morgué,
L'on ne saurait être gai.

Sa muse un peu trop caustique
Fit plus d'un couplet critique ;

Sur vous et sur vos appas
De vos faux pas s'il se blesse,
S'il en blâma la faiblesse,
Pour lui c'est qu'on n'en fit pas.

Gai, chantons en ce jour
Les belles et l'Amour ;
Car sans les belles, morgué,
L'on ne saurait être gai.

Les comparant à la rose,
Lorsqu'un poète morose
Pense, hélas ! les célébrer.
Pour rendre justice aux belles,
Gais Français, ce n'est qu'entre elles
Que l'on peut les comparer.

Gai, chantons en ce jour
Les belles et l'Amour ;
Car sans les belles, morgué,
L'on ne saurait être gai.

En vain à la gaudriole
On a donné la parole.
Tout est froid dans un banquet ;
Mais qu'une femme paraisse,
Au même instant la tristesse
Se lève et fait son paquet.

Gai, chantons eu en jour
Les belles et l'Amour ;

Car sans les belles, morgué,
L'on ne pourrait être gai.

Heureux appui de l'enfance,
Soutien de l'adolescence,
Protectrices des amours,
Doux charme de la jeunesse,
L'âge mûr ou la vieillesse,
Femmes , vous doit ses beaux jours.

Gai , chantons en ce jour
Les belles et l'Amour ;
Car sans les belles , morgué,
L'on ne saurait être gai.

Sous l'étendart de la guerre,
Sous les myrtes de Cythère
Vous savez nous ralier :
Qui ne chérirait les belles ,
Quand chacun veut tenir d'elles
Et la rose et le laurier.

Gai, chantons en ce jour
Les belles et l'Amour;
Car sans les belles , morgué,
L'on ne saurait être gai.

Si le plaisir toujours reste
Assis au banquet céleste,

S'il n'en a pas déserte ,
C'est qu'à la troupe choisie
Le nectar et l'ambroisie
Sont versés par la Beauté.

   Gai, chantons en ce jour
   Les belles et l'Amour ;
Car sans les belles , morgué ,
L'on ne saurait être gai.

Un jour si la mort nous guette ,
Mes bons amis , à la tête
Du suppôt de l'Achéron
Jetant nos bouteilles vides ,
Cachons-nous, enfans timides ,
Dans le dodo d'un tendron.

   Gai , chantons en ce jour
   Les Grâces et l'Amour;
Car sans les belles , morgué ,
L'on ne saurait être gai.

A UNE MARIÉE.

Air :

Pour moi quel jour intéressant
Que celui d'un tendre hyménée ;
La mariée, en rougissant,
Se pare dès la matinée.
Sur un sein qu'agite en secret
Désir d'amour qui vient de naître,
Elle doit porter un bouquet,
Et chacun voudrait le lui mettre.

Quand les deux époux sont unis
Par les doux nœuds qui les rassemble,
En leur honneur, parens, amis
Viennent boire et trinquer ensemble ;
A l'épouse la chanson plaît ;
Qui ne voudrait la satisfaire ?
Elle désire un gai couplet,
Et chacun voudrait le lui faire.

L'Amour a donné le signal,
En secret, à son heureux frère,

D'oter le ruban virginal
Que l'épouse a pour jarretière ;
A l'Amour il obéira :
En vain elle veut s'en défendre ;
Le joli ruban qu'il prendra !
Ah ! chacun voudrait le lui prendre.

AUX RÈVES DE MA JEUNESSE.

Air : du Carnaval (de Béranger).

Rêves heureux, qui berciez ma jeunesse,
A mon déclin ne m'abandonnez pas;
Qu'à votre aspect autour de moi renaisse
Ce champ de fleurs qui croissaient sous mes pas.
Sur votre sein, ah! que je me repose;
Couvrez mon front d'un voile officieux;
De l'Espérance, enfans couleur de rose,
Cachez toujours l'avenir à mes yeux.

Guidé par vous je vole vers Cythère,
Sous un berceau de myrtes amoureux;
Le dieu joufflu qui rajeunit la terre
Me fait encor trouver des jours heureux.
Phébus me voit, et sur mon front dépose
Brin de laurier, fruit d'un couplet joyeux.
De l'Espérance, enfans couleur de rose,
Cachez toujours l'avenir à mes yeux.

En m'enchaînant de simples marguerites,
Pour moi l'Amour arrache son bandeau;

Dieu des époux, en vain tu t'en irrites,
A mes accens il éteint ton flambeau.
Que le plaisir de moi toujours dispose ;
Mais pour Mômus point d'hymen ennuyeux.
De l'Espérance, enfans couleurs de rose,
Cachez toujours l'avenir à mes yeux,

Je ne vois plus du fleuve de la vie
Les flots changeant ni la rapidé ;
Par ma gaîté son onde est asservie,
Ma barque y vogue en pleine liberté.
A tout quitter toujours je me dispose ;
Je crois mourir bien avant d'être vieux :
De l'Espérance, enfans couleur de rose,
Cachez toujours l'avenir à mes yeux.

SILÈNE.

Air : d'une Tyrolienne.

Le visage teint
D'un raisin pressuré la veille,
Par un beau matin
Se réveillant sous une treille,
Silène chantait,
Echo répétait :

Satyres, quittez vos retraites ;
Faunes, vos Dryades coquettes ;
Ne dormez plus, je vous le défends ;
Buvez, chantez, mes joyeux enfans.

Bientôt à sa voix,
Choisissant un nouveau théâtre,
Le peuple des bois
Seconde sa gaîté folâtre ;
Puis d'un tambourin
A son gai refrain
Mêlant les sons avec adresse,
Redit dans sa brûlante ivresse :

Ne dormez plus, je vous le défends;
Buvez, chantez, mes joyeux enfans.

Silène joyeux,
Dit : Chantez un hymne de gloire ;
   Du plus grand des dieux
Je vais vous raconter l'histoire :
   Mais puisque sans vin,
   On fredonne en vain
Pour que notre voix soit moins lente,
Versez donc la liqueur brûlante :

Ne dormez plus, je vous le défends ;
Buvez, chantez, mes joyeux enfans.

   Dès qu'il fut tiré
Du mont où le cachait son père,
   Bacchus altéré
Par le feu qui brûla sa mère,
   D'un ton clapissant
   Disait en naissant :
Arrosez ma voix et les vôtres,
Et chantez à tous mes apôtres :

Ne dormez plus, je vous le défends;
Buvez, chantez, mes joyeux enfans.

   Au petit marmot
Placé sous ma main protectrice,

Je donnai bientôt
La chèvre qu'il eut pour nourrice.
　　Lorsqu'elle broutait
　　Ce vaurien tétait,
Puis disait, en mouillant sa lèvre
Du raisin que grugeait la chèvre :

No dormez plus, je vous le défends :
Buvez, chantez, mes joyeux enfans.

　　A peine grandi,
Brillant de l'éclat du bel âge,
　　Il devint hardi,
Dans l'Inde il porta son courage :
　　De son joug si doux
　　Les peuples jaloux,
Du bon vin humant les fumées,
Répétaient avec nos armées :

Ne dormez plus, je vous le défends ;
Buvez, chantez, mes joyeux enfans.

　　Dans l'Inde il porta
La gaîté, la joie　et ses charmes ;
　　Enfin il quitta
　Les peuples soumis à ses armes ;
　　Vaincus et vainqueurs
　　Tous versaient des pleurs :
Pour les sécher, sa voix céleste
Leur criait : La vigne vous reste ;

Ne dormez plus, je vous le défends;
Buvez, chantez; mes joyeux enfans.

   Dans le court trajet
Qu'il fit pour retourner en Grèce,
    Il devint sujet
D'une jeune et vive maîtresse.
    Malgré les sermens
    De fuir les amans,
Par le bon vin apprivoisée,
Elle chanta loin de Thésée :

Ne dormez plus, je vous le défends;
Buvez, chantez, mes joyeux enfans.

   Enfin, de retour
Dans notre riante patrie,
    Jupin à son tour,
Pour sabler la liqueur chérie,
    Aux cieux l'appela;
    Depuis ce tems-là,
Protégeant la vigne dorée,
   Il chante à la troupe éthérée :

Ne dormez plus, je vous le défends
Buvez chantez mes joyeux enfans.

   Un faux pas borna
Le gai récit du bon Silène;

Sa chute entraîna
Tous ses compagnons sur l'arène ;
   Chacun d'eux chantait ,
   Echo répétait :

Satyres , quittez vos retraites ,
Faunes , vos Dryades coquettes ;
Ne dormiez plus, je vous le défends ;
Buvez , chantez , mes joyeux enfans.

LE SANS SOUCI.

Air : V'là c'que c'est qu'un sans souci.

Je vais vous faire trait pour trait
D'un vrai sans souci le portrait ;
Avoir une mine fleurie,
    La taille arrondie,
    La panse élargie ;
Être bon vivant, bon ami,
V'là c'que c'est qu'un sans souci.

Au bruit d'un bachique refrain
Dans un broc noyer le chagrin :
Si sa Lisette est infidèle,
    Aimer Isabelle.
    Lise revient-elle :
Comme elle revenir aussi,
V'là c'que c'est qu'un sans souci.

De bons mots être un arsenal,
Rire du bien, rire du mal,
Faute des vins fins de *Balaine*,
    Même à tasse pleine

Boire le Suranne ,
Sans froncer un peu le sourci ,
V'là c'que c'est qu'un sans souci.

Sans montrer des yeux étonnés
Voir les gouvernans gouvernés ;
Préférer à la politique
   Chansonnier lyrique
   Et refrain bachique :
Plaindre les rois , et rire ici ,
V'là c'que c'est qu'un sans souci.

Laissant des regrets superflus,
Jouir du présent qui n'est plus.
Sur l'avenir, dont il dispose,
   Jeter une rose
   Et faire une pause
De tems en tems dans ce lieu-ci ,
V'là c'que c'est qu'un sans souci.

Voir sans effroi la mort venir.
Le verre en main gaîment finir ;
Léguer sa vigueur , son sytème
   Au sot triste et blême ,
   Et toujours le même,
Sa chansonnette à chaque ami,
V'là c'que c'est qu'un sans souci.

LA DANSE EN ROND.

Air : Amusez-vous, trémoussez-vous.

Je n'aime pas qu'on se démanche :
    Voyant un danseur
   Qui, d'un air de candeur,
Montre à l'objet de son ardeur
     Ses jolis pas,
     Ses entrechats,
Je chante au nigaud : tu veux bannir la gaîté franche :
    Vive un gai luron
Qui sait chanter, danser en rond!

Sur la beauté des bals je tranche :
    Leur éclat pompeux
A pour moi l'art d'être ennuyeux ;
J'y dis, prenant le ton joyeux :
     Dans ce séjour,
     Avec l'amour,
Fixons, croyez-moi, du village la gaîté franche,
    Puisqu'en gai luron
On y chante, on y danse en rond.

Au ciel, les fêtes, le dimanche,
Chaque dieu bâillait
En dansant un ballet.
A rire, Momus toujours prêt,
Prévint Bacchus,
L'Amour, Comus,
Qu'il voulait enfin, ressuscitant la gaîté franche,
Faire en gai luron
Chanter, danser les dieux en rond.

Les jeux, les plaisirs dans la manche,
Escorté des ris,
Momus eut bientôt des amis ;
Mars, quoique de Vénus épris,
Vint le premier,
D'un air guerrier,
Présenter la main, sans façon, à la gaîté franche,
Pour, en gai luron,
Rire, chanter, danser en rond,

Lorsque Jupiter en furie,
Croyant se venger,
Fit Apollon berger,
Ce dieu, pour le faire enrager,
Lui dit enfin :
Je vas demain
Vivre sans humeur, sans chagrins, sans mélancolie,
Puisqu'en vrai luron
Je vais chanter, danser en rond.

Imitons l'Olympe en goguette ;
    Chassons les soucis
Par les chansons, les jeux, les ris;
Pour les amours gardons les nuits ;
    Et de nos jours,
    Que l'heureux cours
Passé loin des grands, soit consacré sans étiquette
    Au crin crin luron
Qui fait chanter, danser en rond !

FRANÇOIS D***.

AU TEMS.

Air du Panier.

Toi , dont le doigt marque les heures
Qui se succèdent ici-bas ,
Pour moi dans tes douze demeures ,
Un instant arrête tes pas.
Lorsque je vois le crépuscule
Sur l'horizon de mes amours ,
Daigne retarder la pendule
Qui doit sonner mes derniers jours.

Eh quoi ! l'amour couronne encore
Mon front par l'âge rembruni ,
Pour moi Lise est la jeune Aurore :
A son aspect j'ai rajeuni.
Lisette laissant le scrupule ,
Loin d'elle a jeté ses atours ;
Daigne retarder la pendule
Qui doit sonner mes derniers jours.

Des preux dont mon pays s'honore ,
Foy, tu ne défends plus les droits ;

Mais Casimir qui chante encore ,
Pour eux fait entendre sa voix.
A leurs exploits son encens brûle
Au sein des villes et des cours ;
Daigne retarder la pendule
Qui doit sonner ses derniers jours.

Pour à la Grèce offrir des armes
Et soutenir sa liberté ,
Des bijoux qui paraient ses charmes
On vit se priver la beauté.
Pour les Grecs quand sa voix module
Des chants dictés par les amours ,
Daigne retarder la pendule
Qui doit sonner ses derniers jours.

Mais j'entends des cris d'allégresse,
De pampres je suis couronné,
Pour me prouver leur tendresse
Des amis m'ont environné.
Quoi! du vin , le doux véhicule,
Par cent main se verse toujours ;
Daigne retarder la pendule
Qui doit sonner leurs derniers jours.

L'AMI DES JOURS DE NOCE.

Pour moi quel jour intéressant
Que celui d'un tendre hyménée,
La mariée en rougissant
Se pare dès la matinée.
Sur un sein qu'agite en secret
Désir d'amour qui vient de naître
Elle doit porter un bouquet,
Et chacun voudrait le lui mettre.

Quand les deux amans sont unis
Par le doux nœud qui les rassemble,
En leur honneur parens, amis,
Viennent boire et chanter ensemble.
A l'épouse la chanson plaît :
Qui ne voudrait la satisfaire ?
Elle désire un gai couplet,
Et chacun voudrait le lui faire.

L'Amour a donné le signal
En secret à son heureux frère,
D'ôter le ruban virginal
Que l'épouse a pour jarretière.

L'Hymen sans peine obéira,
En vain elle veut s'en-défendre ;
Le joli ruban qu'il prendra !
Ah ! chacun voudrait le lui prendre.

LES GRENADIERS.

Air du vaudeville de la partie carrée

Chantons tous avec énergie
De nos grenadiers la valeur,
Car de notre chère patrie
Ils sont les soutiens et l'honneur.
Et si Mars veut qu'un jour l'on garde
Et sa personne et ses lauriers,
Je suis certain qu'il choisira sa garde,
    Parmi nos grenadiers.　　(bis.)

Lorsque dans les champs de la gloire
Le sort a trahi leur valeur,
Abandonnés par la victoire
Ils n'ont jamais perdu l'honneur.
L'ennemi même leur décerne
Et des palmes et des lauriers,
Car il n'a point encor vu la giberne
    D'un de nos grenadiers.

Du centre on vit la compagnie
Les égaler dans leurs nobles travaux,

Les chasseurs ont à la patrie
Prouvé qu'ils étaient leurs rivaux.
Malgré le fer et la mitraille ,
Ils se sont couverts de lauriers;
Il ne leur a rien manqué que la taille
Pour être grenadiers.

AH! J'AIME ENCOR.

ROMANCE.

—

Air du grenadier aux enfers.

Depuis long-tems la froide indifférence,
Avait flétrit l'éclat de vos beaux jours,
Et de mon cœur s'éloignait l'espérance,
De voir pour moi renaître les amours.
Depuis long-tems mon âme trop craintive,
En te voyant a repris son essor,
Et dans ta main, ma main tremble craintive :
Ah! j'aime encor, ah! j'aime encor.

Du peuplier la feuille vacillante
Le soir éprouve un doux frémissement :
Pensers d'amour, ô ma tant douce amante,
Viennent alors occuper ton amant.
Un frais ruisseau du cristal de son onde
D'un pré fleuri vient-il baigner le bord,
Je suis de l'œil sa course vagabonde :
Ah! j'aime encor, ah! j'aime encor.

Du tems, hélas! bien que la main traîtresse
Ait de mon front dispersé les cheveux,
Pour plaire, Amour, à ma jeune maîtresse,
A tes autels je puis offrir des vœux.
Avec l'aurore en répandant des larmes,
J'aime à revoir Phébus aux tresses d'or ;
A son déclin je trouve encor des charmes :
Ah! j'aime encor, ah! j'aime encor.

J'ai vu tomber les preux de ma patrie,
Et de ma lyre interrompu les sons,
Par le chagrin ma muse trop flétrie,
Plus à l'écho ne redit ses chansons.
Mais transporté d'un amoureux délire,
Lise, mon ame a repris son essor;
Pour te chanter j'ai ressaisi ma lyre :
Ah! j'aime encor, ah! j'aime encor.

FIN DES CHANSONS DE F. DAUPHIN.

LA GASCONNE.

RONDE.

—

Air connu.

Un jour dé cette automne ,
Dé Bordeaux révénant ,
Jé vis nymphe mignonne
Qui s'en allait chantant :

On rit, on jase, on raisonne ;
On n'aime qu'un moment.

Jé vis nymphe mignonne
Qui s'en allait chantant :
C'était la jeune OEnone ,
Fraîche comme un printems.

On rit , on jase , on raisonne ;
On n'aime qu'un moment.

C'était la jeune Œnone,
Fraîche comme un printems ,
Fermé comme une nonne,
Un morceau dé friand.

On rit, on jase, on raisonne ;
On s'amuse un moment.

Fermé comme une nonne ,
Un morceau dé friand ;
Dans mon humeur gasconne
J'étais entréprénant.

On rit , on jase , on raisonne :
On s'amuse un moment.

Dans mon humeur gasconne
J'étais entréprénant :
Jé déchire et chiffonne
Lacet , gaze et rubans.

On rit , on jase , on raisonne ;
On s'amuse un moment.

Jé déchire et chiffonne
Lacet , gaze et rubans.
Tiens , lé fils dé Latone ,
Lui dis je , est moins ardent.

On rit, on jase, on raisonne ;
On s'amuse un moment.

Tiens, lé fils de Latone,
Lui dis-je, est moins ardent :
Et son flambeau, mignonne,
S'éteint dans l'Océan.

On rit, on jase, on raisonne
On s'amuse un moment.

Et son flambeau, mignone,
S'éteint dans l'Océan :
Célui que jé té donne,
S'en va toujours brûlant.

On rit, on jase, on raisonne ;
On s'amuse un moment.

Célui qué jé té donne
S'en va toujours brûlant.
Ah ! mé dit la friponne,
J'en doute à ton accent.

On rit, on jase, on raisonne ;
On s'amuse un moment.

Ah ! mé dit la friponne,
J'en doute à ton accent.

J'invoquai ma patronne ;
Mon début fut brillant.

On rit, on jase, on raisonne ;
On s'amuse un moment.

J'invoquai ma patronne :
Mon début fut brillant.
Qu'Amour mé lé pardonne !
Ah ! lé traître accident !

On rit, on jase. on raisonne ;
On s'amuse un moment.

Qu'Amour mé lé pardonne !
Ah ! lé traître accident !
Jé né trouvai personne
Au sécond compliment.

On rit, on jase, on raisonne ;
On s'amuse un moment.

Jé né trouvai personne
Au sécond compliment.
La franche et simple OEnone
Mé dit en soupirant.

On rit, on jase, on raisonne ;
On s'amuse un moment.

La franche et simple Œnone
Mé dit en soupirant :
Quoi ! l'eau de la Garonne
Rend souple comme un gant ?

On rit, on jase, on raisonne ;
On n'aime qu'un moment.

DE BAUSSAY.

C'EST LA FAÇON DE LE FAIRE

QUI FAIT TOUT.

Air connu.

Amans, qui marchez sur les traces
Des agréables de la cour,
Ayez de l'esprit et des graces:
Il en faut pour faire l'amour.

Tout consiste dans la manière
　Et dans le goût ;
Et c'est la façon de le faire
　Qui fait tout.

Pour faire un bouquet à Lucrèce,
Est-ce assez de cueillir des fleurs ?
Il faut encore avoir l'adresse
D'en bien assortir les couleurs.

Tout consiste dans la manière
　Et dans le goût ;
Et c'est la façon de le faire
　Qui fait tout.

L'amant risque tout , et tout passe ,
Alors qu'il sait prendre un bon tour.
S'il est insolent avec grace ,
On fera grace à son amour.

Tout consiste dans la manière
   Et dans le goût ;
Et c'est la façon de le faire
   Qui fait tout.

De deux jours l'un à ma bergère
Je fais deux bons petits couplets ;
Et ma bergère les préfère
A douze qui seraient mal faits.

Tout consiste dans la manière
   Et dans le goût ;
Et c'est la façon de le faire
   Qui fait tout.

COLLÉ

ON NE DISPUTE PAS DES GOUTS.

Air connu.

Chacun a son goût qui le mène ;
L'un hait ce que l'autre chérit :
Un sot est aimé de Climène :
Lucinde aime un homme d'esprit.
L'un aime ce que l'autre rebute ;

Et, dans cela comme dans tout ,
Chacun a son goût :
Point de dispute ,
Chacun a son goût.

En fait d'amour et de musique
L'on ne s'accorde plus en rien :
L'un préfère le goût antique,
L'autre le goût italien.
L'un aime ce que l'autre rebute.

Mais dans cela, comme dans tout,
Chacun a son goût ;

Point de dispute,
Chacun a son goût.

Chaque femme, à ce qu'il nous semble,
N'a qu'un seul amant à la fois:
Mais la tendre Iris prend ensemble
Deux amans et fort souvent trois:
C'est pour en avoir à la minute.

Mais dans cela comme dans tout,
Chacun a son goût;
Point de dispute,
Chacun a son goût.

Tandis que Daphné, sans tendresse,
Refuse un amant jeune et beau,
Qu'elle fuit le dieu du Permesse,
Pasiphaé prend un taureau,
Et c'est Apollon que l'on rebute.

Mais dans cela comme dans tout,
Chacun a son goût:
Point de dispute,
Chacun a son goût.

Socrate et Sapho la lesbienne
Ont eu des goûts assez suspects:
Tous les jours en France on ramène

Leurs jeux renouvelés des Grecs :
Il n'est plus de plaisir qu'on rebute.

Mais dans cela comme dans tout,
Chacun a son goût ;
Point de dispute ,
Chacun a son goût.

LE MÊME.

L'HYMEN.

Air de Nicolo.

L'HYMEN est un lieu charmant,
Lorsque l'on s'aime avec ivresse ;
Et ce n'est que dans la jeunesse
Qu'on peut s'aimer bien tendrement :   (*bis.*)
C'est un gentil pèlerinage
Que l'on entreprend de moitié.
Peines, plaisirs, tout se partage ;   (*bis.*)
L'Amour, l'Estime et l'Amitié
Sont les compagnons du voyage.

Si par malheur chez les époux
On voit naître l'indifférence :
Si la triste et froide inconstance
Succède à leurs transports si doux,   (*bis.*)
Plus n'est gentil pèlerinage
Qu'on faisait gaîment de moitié.
Mais si l'Amour devient volage,   (*bis.*)
Qu'au moins l'Estime et l'Amitié
Restent compagnons du voyage.

Quand chez moi je pris ces enfans,
M'immoler devint nécessaire;
J'avais juré d'être leur père,
Et j'ai dû tenir mes sermens.   *(bis.)*
Dans mon triste pélerinage,
Privé d'une tendre moitié,
Je bénis encor mon partage,   *(bis.)*
Si leur bonheur, leur amitié
Sont mes compagnons de voyage.

MARSOLLIER.

LES VENDANGES DE LA FOLIE.

Air à faire.

Chantons le dieu de la vendange,
  Que sous ses lois l'amant se range,
  Puisque le plus souvent Vénus
Doit ses conquêtes à Bacchus.

   On rend la vie aimable,
   En passant tour à tour
   Des plaisirs de la table
   Aux plaisirs de l'amour.

Un peu de vin rend plus jolie.
Le vin donne de la saillie,
Le vin fait dire de bons mots
Et tenir de galans propos.

   On rend la vie aimable,
   En passant tour à tour
   Des plaisirs de la table
   Aux plaisirs de l'amour.

Le vin rend l'amant intrépide ,
Il rend l'amant moins timide :
A l'un il fait tout hasarder ,
A l'autre il fait tout accorder ,

On rend la vie aimable.,
En passant tour à tour
Des plaisirs de la table
Aux plaisirs de l'amour.

Entre deux ou quatre convives
Le vin rend les scènes plus vives ;
Un petit souper libertin
Vaut cent fois mieux qu'un grand festin.

On rend la vie aimable ,
En passant tour à tour
Des plaisirs de la table
Aux plaisirs de l'amour.

Le vin dans le sommeil vous plonge ,
Ce sommeil vous fait naître un songe
Qui vous revient pendant le jour,
Et qui fait naître enfin l'amour.

On rend la vie aimable ,
En passant tour à tour
Des plaisirs de la table
Aux plaisirs de l'amour.

Collé.

LES PETITS PIEDS DE LISE.

Air : Suzon sortait de son village.

Qu'un autre chante de Délie
Le corsage et la blanche main,
Les bras ou la jambe arrondis,
Les beaux yeux, la bouche ou le sein ;
    Je veux chanter
    Et répéter
Qu'avec ses pieds Lise a fait ma conquête :
    Ses pieds jolis
    Sont si petits,
    Qu'il m'est permis,
  Je crois, d'en être épris.
  Que de tourmens l'Amour m'apprête !
Depuis le jour qu'il me blessa,
Lise, avec ces petits pieds-là,
    Vous trottez dans ma tête.

Rempli du feu qui me dévore,
Souvent je cherche à vous saisir ;
Mais ces petits pieds que j'adore,
Vous servent, hélas ! à me fuir.

Sans nul égard ,
Quand par hasard
J'ose exprimer mon ivresse sincère ,
Vous refusez ,
Vous m'opposez
Mille raisons
Et d'ennuyeux sermons ;
Ah ! Lise , malgré votre mère ,
Le tendre Amour qui vous forma
Vous a fait ces petits pieds-là
Pour marcher à Cythère.

Quand le réveil de la nature
S'embellit des jours du printemps ,
Seule sur l'humide verdure
Vous parcourez les bois , les champs.
Dans un taillis
Je me blotis ,
Brillant d'espoir , mon œil charmé vous guette :
J'attends tout bas
Quelques faux pas ;
Mais , vains projets ,
Vous ne tombez jamais ,
Et pourtant , cruelle fillette ,
Le plaisir qui vous anima
Vous a fait ces petits pieds-là
Pour glisser sur l'herbette.

Quand je vous trouve trop agile
A fuir les amoureux dangers ,

Je puis vous nommer comme Achille,
Divine Lise au pied léger ;
    Mais si toujours
    Pour les amours
Vous nourrissez cette austère rudesse ;
    Le Tems jaloux,
    Dans son courroux ,
    Pour me venger
  Saura vous outrager !
Vous brillez d'attraits , de jeunesse ,
Mais un jour tout se flétrira :
Lise , avec ces petits pieds-là ,
On court à la vieillesse.

J. A. M. MONPERLIER.

IL FAUT
QUE TOUT LE MONDE VIVE.

Air du vaudeville de Vadé,

Vivez en paix, fripons titrés,
Charlatans, Laïs mercenaires,
Faux amis, courtisans madrés,
Hardis pirates littéraires,
Tartufes noirs, et vous aussi,
Bavard, dont l'arme est l'invective;
Suivant l'exemple de Henri,
Je chante en joyeux sans-souci :
Il faut que tout le monde vive.

Un protecteur est aujourd'hui
Une des merveilles du monde ;
A tous il promet son appui :
Bien fou l'imprudent qui s'y fonde ;
Il sacrifie amour, argent,
Pour une place en perspective :
L'espoir le soutient, et pourtant
Il meurt de faim en attendant...
Il faut que tout le monde vive.

Tous ces superbes conquérans
Qu'avec effroi la terre admire,
N'obtiennent le surnom de grands
Que par un forcené délire :
Quand sur les peuples malheureux
Leurs mains lancent la foudre active,
Tout en détruisant de leur mieux
On entend dire à chacun d'eux :
Il faut que tout le monde vive.

Par un lâche et sensible trait
Offensant ma flamme fidèle,
Si mon Elmire me faisait
Ce qu'à Henri fit Gabrielle ;
Quelque matin si je trouvais
Sous sa couche un triple convive,
Mon repas je partagerais,
Comme ce bon roi je dirais :
Il faut que tout le monde vive.

Heureux l'homme après son printems
Qui brûle des feux du jeune âge :
Il peut encor de tems en tems
Faire à Cythère un doux voyage :
Mais ce vrai plaisir n'a de prix
Qu'autant que notre flamme est vive
De la beauté l'amant épris
Doit songer qu'auprès de Cypris
Il faut que tout le monde vive.

Quand nous arrivons au déclin,
La Beauté fuit, l'Amour s'envole ;
Mais d'un si rigoureux destin
Plus constant Bacchus nous console ;
Soutien joyeux de nos vieux ans,
Sa douce liqueur nous ravive ;
Par ces aimables passe-tems
Nous pouvons dire encor long-tems :
Il faut que tout le monde vive.

Or, tandis que nous parcourons
Le court espace de la vie,
Mes amis, près de nous fixons
L'Amour, Bacchus et la Folie ;
Une fois sur les sombres bords,
Pour toujours la beauté s'esquive ;
Adieux pour nos joyeux accords,
On ne chante pas chez les morts :
Il faut que tout le monde vive.

RENARD.

LE LIT ET LA TABLE.

CHANSON DE TABLE.

Air : La bonne aventure, ô gué !

Il faut régler ses désirs,
  Dit un sage aimable,
Et faire entre les plaisirs
  Un choix raisonnable.
Des biens je fais peu de cas
Et je ne me plaindrai pas
Si j'ai toujours ici bas
  Bon lit, bonne table.

J'ai parcouru vainement
  La terre habitable;
A quoi tout ce mouvement
  Est-il profitable ?
Que gagne-t-on à changer ?
Sans aller chez l'étranger
Bornons-nous à voyager
  Du lit à la table.

Damis voit dans la grandeur
  Un bien désirable :
Pour moi, je crois le bonheur
  Chose préférable.
L'homme heureux, sans se montrer
Cherche à se faire ignorer,
Satisfait de figurer
  Au lit, à la table.

Amour, appétit, valeur
  Ont un coin semblable :
Bon estomac d'un grand cœur
  Est inséparable :
Pour théâtre, à des exploits
Moins brillans, mais plus courtois,
Un héros choisit parfois
  Le lit et la table.

Sans profaner des Latins
  La langue admirable,
Imitons de leurs festins
  L'ordonnance aimable :
Ce peuple s'y connaissait,
Et savait ce qu'il faisait
Lorsqu'ensemble il unissait
  Le lit et la table.

DE JOUY.

LES *ON DIT* SUR THÉMIRE.

Air : Mon père était pot.

Vous voulez savoir les *on dit*
 Qui courent sur Thémire :
On dit que, parfois, son esprit
 Paraît être en délire.
 — Quoi ! de bonne foi ?
 — Oui : mais croyez-moi,
Elle sait si bien faire,
 Que sa déraison,
 Fussiez-vous Caton,
Aurait l'art de vous plaire.

On dit que le trop de bons sens
 Jamais ne la tourmente :
On dit même qu'un grain d'encens
 La ravit et l'enchante.
 — Quoi ! de bonne foi ?
 — Oui : mais croyez-moi,
Elle sait si bien faire,
 Que même les dieux
 Descendraient des cieux
Pour l'encenser sur terre.

Nous donne t-elle un rendez-vous
De plaisir ou d'affaire ?
On dit qu'oublier l'heure et nous,
Pour elle c'est misère.
— Quoi ! de bonne foi ?
— Oui : mais croyez-moi,
Se revoit-on près d'elle,
Adieu tous ses torts ;
Le Temps même alors
S'envole à tire d'aile.

Sans l'égoïsme rien n'est bon,
C'est là sa loi suprême ;
Aussi s'aime-t-elle, dit-on,
D'une tendresse extrême.
— Quoi ! de bonne foi ?
— Oui : mais croyez-moi,
Laissez-lui son système :
Doit-on la blâmer
De savoir aimer
Ce que tout le monde aime ?

BOUFLERS.

ARTHUR ET LUCY.

Air de Gabrielle de Vergy.

Au bord d'une mer écumante ,
Jadis vivait dans un châtel
Une jeune fille innocente ,
Près d'un tuteur dur et cruel :
Il voulait à sa destinée
De cette enfant unir le sort ;
Pour elle, avant son hyménée ,
Elle eût voulu subir la mort.

A peine à sa quinzième année ,
Lucy brillait comme une fleur ;
Et cette belle infortunée
Avait déjà donné son cœur :
Que pouvait sa flamme amoureuse
Contre des murs et des verroux ?
Mais , las !... quand on est amoureuse ,
Le bien d'aimer devient si doux !

Arthur n'avait point de richesse ,
Il était simple bachelier ;

Dans le logis de sa maîtresse
Il va s'offrir pour écuyer ;
Sous ce titre , il voyait sans cesse
Le tendre objet qu'il adorait ;
Mais une duègne traîtresse
Conte au jaloux leur feu secret.

Lisard , enflammé de colère ,
Bannit Arthur de sa maison ;
Et Lucy , triste et solitaire ,
Fut mise au fond d'un noir donjon.
Quand le jour commençait de naître ,
Les yeux attachés sur les flots ,
Auprès d'une étroite fenêtre ,
Elle poussait mille sanglots.

Un soir que la pauvre captive
Pleurait, songeant à son amour ,
Une voix touchante et plaintive
S'élève du pied de la tour.
Elle entend la voix qui l'appelle ,
Regarde à travers les barreaux ,
Et dans une faible nacelle
Voit son amant au bord des eaux.

Adieu , dit-il , ma douce amie ;
Qu'il te souvienne un jour de moi !
Adieu ! Je renonce à la vie ,

Ne pouvant plus vivre pour toi.
Je vais, contre les infidèles,
Trouver la mort dans les combats :
Quand tu recevras ces nouvelles,
Donne des pleurs à mon trépas.

Mais vois l'excès de ma misère,
Et prends pitié de mes tourmens!
Accorde une grâce dernière
Au plus malheureux des amans!
Je vais faire un bien long voyage,
Peut-être pour ne plus te voir!
O Lucy! que j'obtienne un gage
Qui calme un peu mon désespoir!

Lucy frémit à ce langage,
Et, pour lui montrer ses douleurs,
Elle jeta sur le rivage
Un mouchoir trempé de ses pleurs.
Son amant le saisit bien vite,
Cent fois le baise avec transport,
Le met sur son sein qui palpite,
Et laisse enfin ce triste bord.

Bientôt, dans un songe terrible,
L'esprit frappé de noirs tableaux,
Lucy voit ce mortel sensible
Errer autour de ses rideaux.

Quel réveil, lorsqu'à la lumière
Du pâle flambeau de la nuit,
Lucy revoit cette ombre chère
Paraître encor près de son lit !

Dès lors, quand la vague bruyante
Vient se briser contre ces murs,
Quand une chouette effrayante
Se plaint sous ces dômes obscurs,
Quand les vents, dans les soirs d'automne,
Prolongent des sons gémissans,
Partout l'ombre qui l'environne
Semble répondre à ses accens.

Un jour, un courrier se présente ;
Lucy l'aborde en frémissant :
Il rend à la plus tendre amante
Son mouchoir arrosé de sang.
Elle y porte un regard farouche,
Son cœur s'enfle ; elle veut crier :
Il sort un soupir de sa bouche,
Et ce soupir est le dernier.

LÉONARD.

HERMAND ET ADÈLE.

Air de Joseph.

Un castel d'antique structure
Voyait croître le jeune Hermand ;
Son cœur guidé par la nature
Aimait Adèle encor enfant :
Tous deux, dans ces lieux solitaires ;
Coulaient en paix leurs premiers jours :
C'étaient le tombeau de leurs pères
Et le berçeau de leurs amours.   (*bis.*)

Mais bientôt la gloire cruelle
Appelle Hermand... il faut partir ;
Par ses larmes la tendre Adèle
Espère encor le retenir ;
Inutiles pleurs et prières :
Hermand renonce à ses beaux jours ;
Il fuit le tombeau de ses pères
Et le berceau de ses amours.

Au combat trahi par son zèle,
Le brave Hermand est terrassé :

Dans un soupir le nom d'Adèle
Échappe à son cœur oppressé :
Ses peines seront moins amères
S'il peut seulement quelques jours
Revoir le tombeau de ses pères
Et le berceau de ses amours.

Arrivé près de son amie
Il veut parler, mais c'est en vain :
Il veut presser sa main chérie :
Il la presse, hélas! et s'éteint.
Adèle ferme ses paupières ;
La douleur termine ses jours :
Ainsi le tombeau de leurs pères
Fut le tombeau de leurs amours.

LA FLAMME D'AMOUR.

Air à faire.

Un jour le fils de Vénus
Vendangeait avec Bacchus :
Le petit dieu de Cythère
Voltigeait sur le raisin,
En faisait jaillir le vin,
Et de son aile légère
Caressait le jus divin.

De ce nectar enchanteur
Il respire la vapeur ;
Le parfum qui l'environne
Bientôt lui monte au cerveau :
Par un charme tout nouveau,
Il chancelle, et dans la tonne
Laisse tomber son flambeau.

Le vin bouillonne à l'instant,
Et s'élève en pétillant.
La Gaîté, qui se réveille,

Chante, rit, danse à l'entour;
Et, depuis cet heureux jour,
Avec le jus de la treille
On boit la flamme d'Amour.

FAVART.

CE QU'ON VOIT BEAUCOUP
ET CE QU'ON NE VOIT GUÈRE.

Air : C'est ce qu'on ne voit guère.

CHEZ les savans l'insuffisance ,
Chez les chantres l'intempérance ,
L'avidité chez les traitans ,
C'est ce que l'on voit en tous tems :
Le scrupule chez les notaires ,
Le courage chez les auteurs ,
La mémoire chez les seigneurs ,
C'est ce qu'on ne voit guères.

Qu'une ville que l'on veut prendre
Soit encor long-tems à se rendre
Lorsqu'on est maître des faubourgs ,
C'est ce que l'on voit tous les jours :
Mais que, dans l'île de Cythère ,
Un fort soit long-tems défendu
Quand le moindre poste est rendu
C'est ce qu'on ne voit guère.

Ce qu'un homme franc a dans l'ame,
Ce qu'un jeune amant sent de flamme,
Ce qu'un prodigue a de comptant,
C'est ce que l'on voit dans l'instant :
Ce qu'un politique veut faire,
Ce qu'un sournois a dans l'humeur,
Ce qu'une femme a dans le cœur,
   C'est ce qu'on ne voit guère.

Du savoir chez les ignorantes,
De l'esprit chez les innocentes,
Chez les agnès de petits tours,
C'est ce que l'on voit tous les jours :
Du secret chez les mousquetaires,
De la pudeur chez un abbé,
Chez les pages de la bonté,
   C'est ce qu'on ne voit guères.

Les regrets avec la vieillesse,
Les erreurs avec la jeunesse,
La folie avec les amours,
C'est ce que l'on voit tous les jours :
L'enjoûment avec les affaires,
Les grâces avec le savoir,
Le plaisir avec le devoir,
   C'est ce qu'on ne voit guères.

Des bons nez chez les parasites,
Des yeux doux chez les hypocrites,

Des bras longs chez les gens de cour,
C'est ce que l'on voit chaque jour :
Des doigts courts chez les commissaires,
Des mains gourdes chez les sergens,
Chez les clercs de mauvaises dents,
  C'est ce qu'on ne voit guères.

Qu'un objet qui danse ou qui chante
Fasse une figure brillante
Moyennant un certain secours,
C'est ce que l'on voit tous les jours :
Mais qu'en ce métier l'on prospère,
Sans vendre fort cher à quelqu'un
Quelque chose de très-commun,
  C'est ce qu'on ne voit guère.

Des forgeurs de pièce nouvelle,
Des gens qui s'usent la cervelle
Pour trouver quelques traits pointus,
C'est ce que l'on voit tant et plus :
Au Français de nouveaux Molières,
A l'Opéra du vrai Lulli,
De l'Almanzine en ce lieu-ci,
  C'est ce qu'on ne voit guères.

PANARD.

LA PAILLE.

Air connu.

Sur tout on a fait des chansons,
On a chanté le vin, les belles,
L'eau, le feu, les fleurs, les moissons,
Les brebis et les tourterelles;
Un auteur dont je suis bien loin
En a fait sur l'huître et l'écaille ;
Un autre en a fait sur le foin,
Je vais m'étendre sur la paille.

La paille couvre l'humble toit
Du laboureur modeste asile ;
Un lit de paille aussi reçoit
Son corps fatigué, mais tranquille.
Le riche au sein de son palais
Sur le duvet s'ennuie et bâille :
Peine et souci sont sous le dais,
Quand le bonheur est sur la paille.

La paille tressée en réseaux
Du soleil garantit nos belles ;

Grace à leurs énormes chapeaux
Elles n'ont plus besoin d'ombrelles;
Mais ils voilent trop leurs appas,
Mais Zephyr leur livre bataille :
Il a raison, on ne doit pas
Cacher les roses sous la paille.

Jadis respectant ses sermens,
L'amant fidèle à sa maîtresse,
Pour elle encore après trente ans
Brûlait d'une égale tendresse:
Hélas! on n'aime plus qu'un jour;
De la constance l'on se raille :
Et maintenant les feux d'amour
Ne sont plus que des feux de paille.

Mais je n'aurais jamais fini,
Si dans l'ardeur qui me travaille,
J'entreprenais de dire ici
Tout ce qui se fait sur la paille.
Lecteur, déjà je meurs d'effroi
Que la rigueur ne me chamaille :
Sois indulgent ; car avec toi
Je ne veux pas rompre la paille.

LA CURIOSITÉ.

CHANSON.

—

AIR : D'un mouvement de curiosité.

Un jour d'été , dans un bois solitaire ,
Je cherchais l'ombre et la tranquillité ;
Sur le gazon je vois une bergère
Dormant en paix avec sécurité.
Pour la mieux voir , à travers la bruyère
Je m'approchai. .. par curiosité.

Contre les feux dont brûlait l'atmosphère
Un voile blanc défendait sa beauté :
Voile placé par la main du mystère ,
Par le désir doit-il être écarté ?
J'osais pourtant d'une main téméraire,
Le soulever... par curiosité.

Un autre voile , à mes yeux trop contraire ,
Couvrait un sein doucement agité :
Je vois des lis ; bientôt aussi j'espère

Rendre à la rose un culte mérité :
Mais ce tissu m'opposant sa barrière,
Je l'entr'ouvrit... par curiosité.

Deux pieds mignons, qu'Amour forma pour plaire,
Fixent bientôt mon regard enchanté,
J'admire aussi jambe fine et légère :
Là malgré moi mon œil est arrêté.
Mais elle dort ; on peut, sans lui déplaire,
Aller plus loin... par curiosité.

À mes désirs tout devenait prospère,
Je touchais presque à la félicité,
Lorsqu'entr'ouvrant des yeux pleins de colère,
La belle fuit avec agilité.
— Ne pouvais-tu, trop cruelle bergère,
Dormir un peu... par curiosité.

LE RUISSEAU,

OU L'IMAGE DE LA VIE.

Air à faire.

Voyez dans ce champêtre asile
Serpenter ce jeune ruisseau :
Entre la fleur et le roseau ,
Il poursuit sa course tranquille :
Bientôt par cent détours divers,
Égaré loin de sa patrie ,
Il va traverser des déserts :
Voilà l'image de la vie.

Tantôt , sous un ciel sans nuage ,
Paisible et pur comme un beau jour,
Des champs et des bois d'alentour
Son sein réfléchira l'image :
Tantôt l'aquilon irrité
Viendra sur sa rive fleurie
Rider son cristal argenté :
Voilà l'image de la vie.

Plus loin, son onde ambitieuse,
Fuyant des rivages obscurs,
D'Athènes va baigner les murs;
Elle en sort livide et fangeuse :
Dans une heureuse obscurité
Tant qu'elle fut ensevelie ,
Rien n'altérait sa pureté :
Voilà l'image de la vie.

Enrichi du tribut limpide
Que lui portent mille ruisseaux ,
Il devient fleuve , et de ses eaux
Il étend la marche rapide :
Son cours étonne l'univers;
Amphitrite lui porte envie :
Il disparaît au sein des mers :
Voilà l'image de la vie.

DE MOUSTIER.

LES CINQ SENS.

ROMANCE.

Air de Plantade.

C'est par les yeux que tout s'exprime,
Et, premier organe du cœur,
Un œil trahit, quand il s'anime,
Le vrai secret de la pudeur.
Qui voit vos yeux a l'ame émue :
Et si quelque jour on voulait
Qu'Amour fût doué de la vue,
Ce sont vos yeux qu'on choisirait.

Oh ! combien je plains la misère
Du malheureux qui ne voit pas !
Pour lui le jour est sans lumière
Et la beauté n'a point d'appas ;
Mais si son oreille ravie
Entend vos sons mélodieux,
Il se console par l'ouïe,
Du malheur de n'avoir point d'yeux.

Hélas ! si j'osais, moins timide,
Baiser ces traits que je chéris,
Je croirais, sur ma bouche avide,
Presser le suc d'un fruit exquis.
Doux nectar, divine ambroisie,
Vous délectez le goût des dieux :
Si mes lèvres touchaient Zélie,
J'aurais autant de plaisir qu'eux.

Parmi ces déesses qu'on vante,
Flore est celle qui me séduit :
C'est moins sa beauté qui m'enchante
Que l'air parfumé qui la suit.
Pour Flore l'odorat s'éveille ;
Elle en fait le sens le plus doux ;
On croit respirer sa corbeille
Lorsqu'on se trouve auprès de vous.

L'odorat, la vue et l'ouïe,
Le goût sont des sens précieux ;
Mais le toucher... ô ma Zélie !
Je crois que le toucher vaut mieux :
Sur des appas comme les vôtres
Combien ces larcins seraient doux !
Sens charmant, si l'on perd les autres,
Toi seul peut les remplacer tous !

RIRE, CHANTER ET BOIRE.

AIR : Mon père était pot.

Pour jamais n'être mécontent,
  J'ai la bonne méthode.
On est heureux en m'imitant,
  Et rien n'est plus commode.
    Avec un refrain,
    Le verre à la main,
  J'écarte l'humeur noire :
    Chacun peut me voir,
    Du matin au soir,
  Rire, chanter et boire.

L'univers sait que dans les camps
  Les Français font merveille :
Leurs armes sont en même tems
  L'épée et la bouteille.
    Braves conquérans,
    Toujours dans leurs rangs,
  Ils fixent la victoire.
    Avant les combats,
    On voit nos soldats
  Rire, chanter et boire.

Engoués d'honneurs passagers
  Et fuyant les ténèbres,

Que d'autres bravent les dangers
  Pour devenir célèbres.
    Après mon trépas,
    Mon désir n'est pas
  Qu'on vante ma mémoire;
    Bornant mes souhaits,
    Je veux à jamais
  Rire, chanter et boire,

Tel,a de la célébrité;
  Mais, hélas! on sait comme
Parmi nous il a mérité
  Le titre de grand homme,
    Tracas et grands maux,
    Jamais de repos,
  C'est toute son histoire.
    Toujours gais, joyeux,
    Ne vaut-il pas mieux
  Rire. chanter et boire?

Rions : le rire est du plaisir
  L'expression certaine.
Chantons : l'amour et le désir
  Inspirent notre veine.
    Buvons : dans le vin
    Se perd le chagrin;
  Amis, il faut m'en croire.
    Suivons les amours;
    Et sachons toujours
  Rire, chanter et boire.

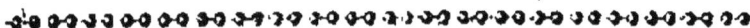

UNE PARISIENNE.

Du travail un instant secouons la poussière,
Lise, portons nos pas près de ces monts fleuris,
Ornemens et remparts de l'antique Paris.
　　Sur cette fragile barrière
　　Jetons un regard de dédain :
Elle n'arrêta pas le Tartare inhumain,
　　Qui, dans sa rage meurtrière,
Sous de nombreux soldats froissant nos corps flétris,
　A fait marcher l'appareil du carnage
Dans l'aimable séjour, dans le riant bocage
Où l'Amour voltigeait, où folâtraient les Ris.
Sur ces monts étonnés, une noble jeunesse,
　　Fille de Minerve et de Mars,
Pour la première fois affrontant les hasards,
　　Parut forte de sa faiblesse,
Et voulut ou mourir, ou sauver nos remparts!
　　Fils des fils du dieu de la Thrace,
Courageux héritiers du fruit de cent combats,
　　Je salue, en passant, la place
Où le Nord, étonné de votre jeune audace,
　　En vous crut voir nos vieux soldats!

Approche , petite Lisette.

Ah ! pose ton bras sur mon bras,

Presse le d'une main discrète ;

Passons dans le sentier qu'ombragent ces lilas,

Témoins de nos amours, témoins de ta défaite ,

De nos désirs,

De nos plaisirs.

Sur ta bouche je voudrais prendre

Un baiser, il serait si doux !

A quatorze ans tu le faisais attendre !

Donne-le , hâte-toi ; le tems est si jaloux !

Nos soupirs , nos transports, le printems de notre âge,

Tout bientôt sera loin de nous,

Comme le bosquet qui t'ombrage !

Déjà tu ne vois plus que le bout des rameaux

Qui couvraient ta tête chérie,

Et tu découvres la prairie

Que bornent de jeunes ormeaux.

Hélas ! un souvenir funeste

Viendra-t-il attrister toujours

Nos promenades, nos amours ?

Ne pourrons-nous jouir du beau jour qui nous reste?

De nos brillans remparts les défenseurs sont là !

Et leur casque sonore

Semble frémir encore

Sous le coursier qui les foula.

Spartiates nouveaux dont la France s'honore ,

Ces soldats qui sous vous trente ans s'étaient ployés

A l'aspect de votre bannière,

Tremblaient à votre heure dernière,
Près de voir Lutèce à leurs pieds.

Avec Zéphir, dès l'aube matinale,
La jeune amante de Céphale
Dans ses prés ondoyans aime à verser des pleurs :
Fraîche comme elle, aussi légère,
Ah ! dans ta course passagère
Tu courbes à peine les fleurs :
Dans ces lieux où l'Amour nous guide,
Passe d'un pied vif et rapide ;
Ne crains point d'offenser les mânes généreux
Des nobles fils de la Victoire :
En te voyant, ils croiront que la gloire
Aime encor marcher devant eux.

Tu cherches, mon aimable amie,
Cette beauté naïve, aux attraits enchanteurs,
Par quinze printems embellie,
Dont le teint ressemblait à tes vives couleurs,
Et qui, dans un panier rustique,
Lorsque, sous ces noyers, nous fuyions les chaleurs,
Avec un regard angélique,
Nous présentait des fruits, un bouquet de jasmin,
Qu'avait cueillis sa jeune main :
Pour jamais elle est endormie !
Son triste souvenir doit attendrir nos cœurs ;
Elle expira sous la lance ennemie
D'un de nos insolens vainqueurs.

Par le nombre accablé, fuyant de la chaumière
   Qu'un Kalmouk venait d'embraser,
Son jeune amant ne put lui fermer la paupière,
   Ni recevoir d'elle un baiser.

   Un jour nos fils, dans vos tristes retraites,
    Sombres enfans des noirs frimats,
Iront, sur les glaçons de vos âpres climats,
Demander à vos fils compte de nos défaites;
Ils vengeront le sang de nos fiers vétérans.
    Laissés huit jours sans sépulture,
    Et qui, des oiseaux dévorans,
    Huit jours ont été la pâture.

Nous évitions alors le regard sans pitié
D'un vainqueur ignorant l'honneur et l'amitié,
Qui nous eût fait an crime, hélas! du peu de terre
Dont on couvrait la cendre ou d'un fils ou d'un frère;
Ce vil troupeau de serfs au carnage formé,
Et par le seul butin aux combats animé,
    On eût dit qu'il mettait sa gloire
      A flétrir en un jour
     Les roses de l'Amour
    Et les palmes de la Victoire.

L'heure de la vengeance à la fin sonnera!
Gouvernée aujourd'hui par ses rois légitimes,
    La France un jour se levera,
    Digne et fière d'élans sublimes,

Pour offrir à ses bataillons,
Endormis pour jamais dans ses vastes sillons.
Dieu des combats, de nombreuses victimes!

Non, toujours grands et magnanimes,
Les Français oubliront le mal qui leur fut fait.
Vous rendîtes Bourbon aux vœux de ma patrie :
Elle frémit encor de votre barbarie;
Mais sans oublier le bienfait!
Charles, dont les talens, les vertus, la sagesse
Réunissent tous les partis
Sous l'heureux étendard des Lis,
Et qui, dans les transports de joie et d'allégresse,
Fut reçu du peuple français
Comme un gage sacré de bonheur et de paix!
Charles nous tiendra sa promesse,
Et son nom dans nos cœurs est gravé pour jamais.

O toi, père de la nature,
Qu'adorent les mortels sous cent noms différens,
Toi, qui dispenses sans mesure
Ta clarté, ta chaleur, à ces astres errans
Tournant autour de toi dans le brillant espace,
Malgré tes feux tout naît et passe;
De la Mort et du Tems quand tout subit la loi,
Daigne rendre son règne éternel comme toi!
On eût dit, à sa voix, que la France enchantée,
Au tems de saint Louis se trouvait transportée;
D'une prompte vengeance on étouffa le cri,

Et le Français bénit la main ensanglantée
   Qui lui rendait le fils du grand Henri !

Un seul jour effaça les maux de trente années :
   La jeune vierge, en ses chastes amours,
Put choisir un époux sans trembler pour ses jours :
     D'épis et de fleurs couronnées,
La Paix et l'Abondance ont embelli ces lieux :
Et la mère eut un fils pour lui fermer les yeux.
   Mars a cessé de dépeupler la terre ;
Où Bellone forçait Philomène à se taire,
J'entends le flageolet de l'heureux citadin,
Dont le son se marie au bruit du tambourin,
Et charme les échos de l'heureux Romainville,
Bois des jeunes amans, bois des jeunes époux :
Sous ton ombrage frais, sur ton gazon si doux,
Rousseau se dérobait au fracas de la ville ;
Et l'heureux habitant de ce champêtre asile,
   Après les travaux des beaux jours,
Y vient chanter la paix, Charles et les Amours.

   Imitons-le : sous cet ombrage,
   Mêlons nos accens à sa voix :
  Et, comme lui, que les nouveaux exploits
D'un des fils de Henri, le héros de notre âge,
   Nous consolent de l'avantage
Que des vainqueurs d'un jour ont remporté sur nous !
   À l'ombre d'un riant bocage,
   Du Tartare oublions les coups ;

Suivons des Jeux, des Ris, la troupe trop volage,
  Et des Plaisirs l'aimable essaim.
Si du pied du Vandale il reste quelque trace,
  Lisette, effeuille sur la place
Les roses du bouquet dont je parai ton sein.

F. Dauphin.

FIN DU DEUXIÈME ET DERNIER VOLUME.

TABLE.

www.ingramcontent.com/pod-product-compliance
Lightning Source LLC
Chambersburg PA
CBHW052357090426

42739CB00011B/2401